일본인이 가장 많이 쓰는
일본어 표현
키마리몬쿠 편

일본인이 가장많이 쓰는 일본어 표현
오키마리몬쿠 편

초판 1쇄 발행	2018년 9월 25일
초판 2쇄 발행	2025년 3월 25일

지은이	시라이 마이, 니키
펴낸이	홍성은
펴낸곳	바이링구얼
교정·교열	육근혜
디자인	이초희
출판등록	2011년 01월 12일
주 소	서울 마포구 월드컵북로5나길 18, 217호
전 화	(02) 6015-8835 팩스 (02) 6455-8835
메 일	nick0413@gmail.com

www.bilingualpub.com

ISBN   979-11-85980-25-6 13730

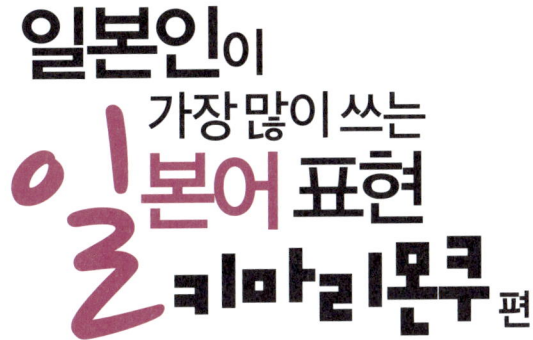

시라이 마이 & 니키 지음

바이링구얼

preface

시중의 일본어 교재를 둘러보면 아주 반듯한, 어떻게 보면 약간은 딱딱한 일본어를 가르쳐 주는 책이 많습니다. 그래서 책에 나와 있는 대로 일본인에게 사용하면 어색하게 들리는 경우가 종종 있지요. 반대로 일본 드라마나 영화에서 자주 등장하는 말은 사전을 찾아봐도 그 뜻이 나오지 않기도 합니다. 실제 일본에서는 아주 많이 쓰이는 말인데도 말이죠.

이렇게 책과 현실의 언어에는 분명히 차이가 있습니다. 《일본인이 가장 많이 쓰는 일본어 표현》 시리즈는 조금이나마 그 차이를 줄여 보려고 만들어졌습니다. 이번 책은 일본인이 가장 많이 쓰는 키마리몬쿠 240개를 엄선해서 구성하였습니다. 키마리몬쿠는 일본인이 습관적으로 자주 쓰는 상투어를 말합니다.

이 책은 한국인이 잘 모르는 표현을 최대한 많이 소개하고, 보다 일본어다운 문장을 선보이기 위해서 한국인 저자와 일본인 저자가 함께 집필하였습니다. 예문은 주로 친근한 사이에 쓰는 어투가 중심을 이루고 있지만, 예문의 내용에 따라 존경어가 나오기도 합니다. 부디 이 책이 여러분의 일본어 학습과 일본 문화 이해에 큰 도움이 되기를 진심으로 바랍니다.

책의 구성과 활용법

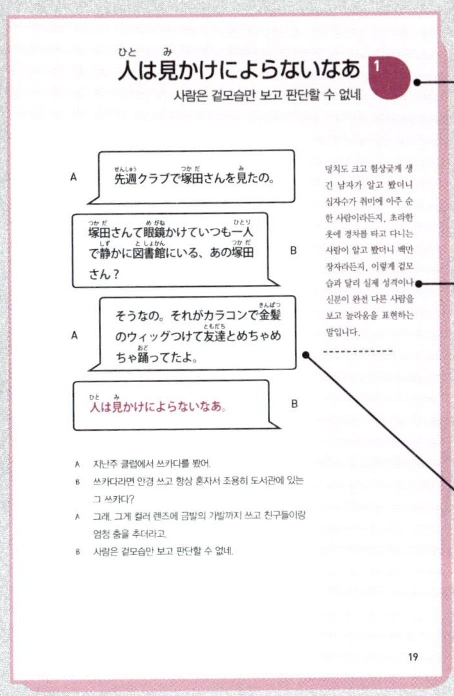

人は見かけによらないなあ

사람은 겉모습만 보고 판단할 수 없네

A 先週クラブで塚田さんを見たの。

B 塚田さんて眼鏡かけていつも一人で静かに図書館にいる、あの塚田さん?

A そうなの。それがカラコンで金髪のウィッグつけて友達とめちゃめちゃ踊ってたよ。

B 人は見かけによらないなあ。

- A 지난주 클럽에서 쓰카다를 봤어.
- B 쓰카다라면 안경 쓰고 항상 혼자서 조용히 도서관에 있는 그 쓰카다?
- A 그래, 그게 컬러 렌즈에 금발의 가발까지 쓰고 친구들이랑 엄청 춤을 추더라고.
- B 사람은 겉모습만 보고 판단할 수 없네.

---

1 키마리몬쿠

일본인이 가장 많이 쓰는 키마리몬쿠

2 해설

키마리몬쿠가 쓰이는 상황과 활용법에 관해 설명합니다.

덩치도 크고 험상궂게 생긴 남자가 알고 봤더니 십자수가 취미에 아주 순한 사람이라든지, 초라한 옷에 경차를 타고 다니는 사람이 알고 봤더니 빌딩 장자라든지, 이렇게 겉모습과 달리 실제 성격이나 신분이 완전 다른 사람을 보고 놀라움을 표현하는 말입니다.

3 실전 대화

실생활에서 일본인이 키마리몬쿠를 어떻게 쓰는지 보여 줍니다.

Contents

Part 1 사람, 가정

1	人は見かけによらないなあ 사람은 겉모습만 보고 판단할 수 없네	19
2	人それぞれだからねぇ 사람마다 다 제각각이니까	20
3	やっぱり美人って得ね 역시 미인은 대접받아	21
4	やっぱりウチが一番 역시 집이 최고야	22
5	子供じゃあるまいし 애도 아니고 말이야	23
6	男でしょ 남자가 왜 그래, 남자답게 굴어	24
7	女の子なんだもん 여자잖아, 여자인걸	25
8	お友達でいましょうね 친구로 지내요	26
9	あんなブスのどこがいいのよ？ 그런 못난 애가 어디가 좋은 거야?	27
10	子供っていいわね 애들은 좋겠다	28
11	誰に似たのかしら 누구를 닮은 거야	29
12	あたしと仕事、どっちが大事？ 나랑 일 중에 뭐가 더 중요해?	30
13	それはお気の毒に 유감이네요, 상심이 크겠어요	31
14	ご愁傷様です 얼마나 애통하십니까	32

Part 2 시간, 시기, 행동, 동작

15	ごめん。待った？ 미안. 많이 기다렸어?	34
16	ぎりぎりセーフ 아슬아슬 세이프	35
17	はい、チーズ 자, 김치	36
18	今やろうと思ったのに 막 하려던 참이야	37

19	今さら何だよ 이제 와서 어쩌라고	38
20	ちょうどよかった 마침 잘됐다	39
21	せっかくですから 모처럼이니까	40
22	今だけだよ 지금뿐이야	41
23	今のうちだよ 지금에나 가능한 거야, 지금 해야 해	42
24	やってみないと分からないでしょ 해 보지 않으면 모르는 거잖아	43
25	危ないところだったよ 하마터면 큰일 날 뻔했어	44
26	先に行ってて 먼저 가 있어	45
27	今、手が離せないんだ 지금 뭐 좀 하고 있어서 다른 거 할 수가 없어	46
28	もう行かなきゃ 그만 가 봐야겠다	47

Part 3 말1

29	よく言われる 자주 들어	49
30	固いこと言うなよ 너무 그러지 말고	50
31	そんなこと言わないで 에이, 그런 소리 말고	51
32	大きな声では言えないけど 이거는 비밀인데	52
33	何が言いたいの? 무슨 말이 하고 싶은 거야?	53
34	はっきり言えよ 확실히 말해	54
35	だから言ったじゃない! 그래서 말했잖아!	55
36	何か言えよ 뭐라고 말 좀 해 봐	56
37	簡単に言うね 너무 쉽게 말하네	57
38	よく言う 네가 잘도 그런 말 하네	58
39	自分で言うなよ 자기 입으로 그런 말 하냐	59
40	人のこと言えるか 지금 남 얘기 할 처지야?	60
41	ばかなこと言うなよ 바보 같은 소리 하지 마	61
42	むちゃ言うなよ 당치도 않는 소리 마	62

43	そうは言ってないよ 그렇게는 말하지 않았어	63
44	そんなこと言ったっけ？ 그런 말 했었어?	64
45	たまにはいいこと言うね 가끔은 바른 소리도 하네	65
46	うまいこと言うねえ 맞아, 제대로 말했어	66
47	うまく言えないけど 정확히 말하긴 어렵지만, 말로 잘 설명하기 어렵지만	67
48	どこまで言ったっけ？ 어디까지 얘기했지?	68

Part 4 말2

49	いちいちうるさいな 하나하나 시끄러워 죽겠네	70
50	ごちゃごちゃ言うなよ 투덜거리지 좀 마	71
51	いつまで言ってんだよ 언제까지 그 얘기 할 거야?	72
52	何度言ったら分かるの？ 몇 번이나 말해야 알아듣는 거야?	73
53	どうしてもっと早く言ってくれなかったんだ 왜 진작 말하지 않았어?	74
54	そうは言ってもねえ 그렇다고는 하지만	75
55	そんなこと言われても 그렇더라도 어쩔 수 없어	76
56	そんな言い方ないじゃない 그런 식으로 말하면 안 되지	77
57	そこまで言うか、普通 그렇게까지 말하진 않잖아, 보통	78
58	冗談じゃない！ 당치도 않는 소리 마!	79
59	笑わせるな 웃기지 좀 마, 웃기고 있네	80
60	大きなお世話だ 쓸데없는 참견 마	81
61	そんなのあり？ 그게 말이 돼?, 그게 가능해?	82
62	うそつけ 거짓말 마, 거짓말이잖아	83
63	うそばっかり 맨날 거짓말이야	84
64	からかうなよ 놀리지 마	85
65	なーんてね 농담이야	86

66	冗談でも言っていいことと悪いことがあるでしょ 농담이라도 할 말과 안 할 말이 있지	87
67	痛いとこ突くね 아픈 곳 찌르네	88
68	みんな口ではそういうけど実際は 모두 말은 그렇게 하지만 실제로는	89

Part 5 이야기

69	ちょっといいかな？ 잠깐 시간 돼?	91
70	話があるんだけど 할 얘기가 있는데	92
71	で、話って何？ 그래서 할 얘기란 게 뭔데?	93
72	話は変わるけど 이건 다른 얘긴데	94
73	話が違うじゃないか 말이 다르잖아	95
74	それとこれとは話が別でしょ 그거랑 이거는 다른 얘기잖아	96
75	それなら話は別だよ 그렇다면 얘기가 다르지	97
76	そういう話もあったな 그런 얘기도 있었지	98
77	話がうますぎるよ 너무 좋은 얘기(조건)라 믿기지 않아	99
78	お恥ずかしい話ですが 부끄러운 얘기지만	100
79	自慢じゃないけれど 자랑은 아니지만	101
80	この話はもうやめよう 이 얘기는 그만하자	102
81	その話はなかったことにしてくれ 그 얘긴 없었던 걸로 해 줘	103
82	話にならん 말도 안 돼, 말할 거리도 안 돼	104
83	何のこと？ 무슨 얘기야?, 무슨 소리야?	105
84	聞きたい？ 듣고 싶어?	106
85	聞かなかったことにしてくれ 안 들은 걸로 해 줘	107
86	見なかったことにしよう 못 본 걸로 하자	108

Part 6 이유, 원인, 수단, 방법

87	何でそんなこと言うの? 왜 그런 말 하는 거야?	110
88	何でそんなこと聞くの? 왜 그런 걸 물어?	111
89	何かあったの? 무슨 일 있었어?	112
90	何だと思う? 뭐인 거 같아?	113
91	だから何なの? 그래서 뭐?	114
92	何とかしてよ 어떻게 좀 해 봐	115
93	何とかなるよ 어떻게든 될 거야	116
94	そこを何とか 어떻게 좀 안 될까?	117
95	どうしてもダメ? 어떻게 해서도 안 돼?	118
96	何でもするから 뭐라도 할게	119
97	今度は何だ? 이번엔 또 뭐야?	120
98	何かいいことあったの? 뭐 좋은 일이라도 있어?	121
99	何か面白いことない? 뭐 재미있는 일 없어?	122
100	どうするつもり? 어쩔 셈이야?	123
101	どういうつもり? 무슨 생각으로 그런 거야?	124
102	どういうことなの? 어찌 된 일이야?	125
103	自分はどうなんだよ 너 자신은 어떻고?	126
104	どうでもいいよ 아무래도 상관없어	127

Part 7 이해, 인지, 생각, 기억

105	何それ、意味分かんない 뭐야 그게, 영문을 모르겠네	129
106	分かってるよ 알고 있어, 이해했어	130
107	私には分からんなぁ 나는 이해 못하겠네	131

108	いずれ分かるよ 조만간 알게 될 거야	132
109	ある意味 어떤 의미에서는, 어떻게 보면	133
110	考えすぎだよ 지나친 생각이야	134
111	考え直してよ 다시 생각해 봐	135
112	考えさせてください 생각 좀 하게 해 주세요	136
113	そう言うと思った 그렇게 말할 줄 알았어	137
114	だと思った 그럴 줄 알았어	138
115	分かってないなあ 너 정말 둔하구나, 너 정말 눈치 없다	139
116	ばれたか 눈치챘구나, 들켰구나	140
117	おかしいと思った 이상하다고 생각했어	141
118	分かってくれよ 이해 좀 해 줘	142
119	ねね、知ってる? 있잖아, 그거 알아?	143
120	知るかよ 내가 어떻게 알아	144
121	知らないからね 나는 모르는 일이니까	145
122	そこまでは知らないよ 거기까지는 몰라	146
123	そうかも知れないね 그럴지도 모르겠네	147
124	信じらんない！ 말도 안 돼!, 믿을 수 없어!	148
125	勘違いするなよ 착각하지 마	149
126	覚えといてね 기억해 둬	150
127	あやうく忘れるところだった 하마터면 잊을 뻔했어	151

Part 8 신경, 기분, 의도

128	気が利くなあ 센스 있네	153
129	いいの。気にしないで 괜찮아. 신경 쓰지 마	154
130	気にしないでって言われたって気になるよ 신경 쓰지 말라고 해도 신경이 쓰여	155

131	分かるような気がする 왠지 알 것 같아	156
132	気楽な奴だな 속 편하게 사네	157
133	そんな気分じゃないんだ 그럴 기분이 아니야	158
134	まさか本気にするなんて 설마 진심으로 받아들일 줄이야	159
135	悪気はなかったんだ 나쁜 뜻은 없었어	160
136	悪かったわね 미안하게 됐네	161

Part 9 느낌, 판단, 결정, 선택

137	変なのー 이상하다	163
138	だっておかしいじゃない 그게 이상하잖아	164
139	だってそういうもんでしょう 그게 원래 그런 거잖아	165
140	そんなもんだよ 원래 다 그런 거야	166
141	いいんじゃない？ 괜찮지 않아?	167
142	別にいいじゃん 별로 상관없잖아, 뭐 어때	168
143	うそみたい 믿기지 않아	169
144	夢みたい 꿈만 같아	170
145	いまいちだな 그저 그러네	171
146	そうするしかないね 그럴 수밖에 없네	172
147	お見事！ 멋지다!, 훌륭하다!	173
148	大したもんだ 대단하네	174
149	それでいいよな？ 그걸로 괜찮지?	175
150	ま、とりあえずそういうことで 뭐, 일단은 그런 걸로	176

Part 10 감정, 태도, 성격

151	まぁ〜まぁ〜そう熱くならないで 너무 그렇게 열 내지 마	178
152	すぐむきになるんだから 금방 정색한다니까	179
153	私に八つ当たりしないでよ 나한테 화풀이하지 마	180
154	穴があったら入りたい 쥐구멍이라도 있으면 들어가고 싶어	181
155	そんなのずるいよ 치사하다, 약아빠졌어	182
156	もう我慢できない 더 못 참겠다	183
157	いい度胸してるな 배짱 있네, 배짱도 좋다	184
158	見てられないね 봐 줄 수가 없네	185
159	じれったいなあ 감질나게 하네, 애타게 하네	186
160	もう、やってられない！ 아, 못해 먹겠네!	187
161	心強いねえ 든든하네	188
162	何ビビってんだよ 뭘 쫄고 그래	189
163	変わってないなぁ 하나도 안 변했네, 여전하네	190
164	太っ腹だね 통이 크네, 도량이 크네, 대범하네	191
165	気前がいいな 손이 크네, 인심이 좋네	192

Part 11 격려, 칭찬, 인정, 권유

166	残念だったね 아쉽다, 유감이다	194
167	そういうこともあるさ 그럴 때도 있는 거야	195
168	よくあることさ 흔한 일이야	196
169	たまにはいいじゃない 가끔씩은 괜찮잖아	197
170	それで十分だよ 그걸로 충분해	198
171	そりゃそうだよ 그건 당연하지	199

172	かわいそうに 불쌍한 것, 가엾어라, 안됐다	200
173	やればできるじゃん 거봐, 할 수 있잖아	201
174	それほどでもないけど 그 정도는 아니야	202
175	うまくいった？ 잘됐어?	203
176	褒めても何もないよ 칭찬해도 아무것도 없어	204
177	あなたもいろいろ大変ね 너도 이래저래 힘들겠다	205
178	だまされたと思ってやってみなよ 속는 셈치고 한번 해 봐	206

Part 12 충고, 주의, 요청

179	使えねえなぁ 쓸모없네, 도움 안 되네	208
180	自分ですればいいじゃん 직접 하면 되잖아	209
181	はっきりしてよ 확실히 정해	210
182	ついていけないなあ 더는 못 따라가겠다	211
183	目を覚ませ！ 눈 좀 떠!, 정신 차려!	212
184	どうかしてるよ 어떻게 된 거 아냐	213
185	どっちもどっちだよ 도긴개긴이네, 둘 다 마찬가지야	214
186	それだけは勘弁してくれ 그것만은 좀 봐줘	215
187	一生のお願い 일생일대의 부탁이야, 딱 한 번만 들어주라	216
188	今度だけだよ 이번뿐이야	217
189	これが最後だから 이번이 마지막이야	218
190	急かすなよ 재촉하지 마	219
191	自業自得だよ 자업자득이야	220
192	やめとけ 관둬, 그만둬	221
193	もうあきらめたら？ 이제 포기하지?	222

194	笑ってごまかすなよ 웃어넘기지 마	223
195	少しは見習え 보고 좀 배워	224
196	世間はそんなに甘くないぞ 세상 그렇게 만만하지 않아	225
197	こんなことやってる場合じゃない 지금 이런 거 할 때가 아니야	226
198	それどころじゃないよ 그럴 처지가 아니야	227
199	やる気あるの? 할 생각이 있는 거야?	228
200	もっと真面目にやれ 좀 더 진지하게 해 봐	229

Part 13 부정

201	お言葉を返すようですが 반론하는 것 같지만, 부정하려는 건 아니지만	231
202	夢でも見たんじゃないの? 꿈이라도 꾼 거 아냐?	232
203	そういう問題じゃないでしょ 그런 문제가 아니잖아	233
204	そんなわけにはいかないだろ! 그럴 순 없지!	234
205	どうかと思うよ 그건 좀 아닌 것 같은데	235
206	それはないだろ 그건 아니잖아, 그건 아니지	236
207	それはまずいよ 그건 곤란하지	237
208	それはやりすぎだよ 그건 너무 지나치잖아	238
209	それは言いすぎだよ 말이 너무 심하잖아, 말이 너무 지나치잖아	239
210	できないものはできないよ 안 되는 건 안 되는 거야	240
211	だめだと言ってるでしょう 안 된다고 하잖아	241
212	そんなはずないよ 그럴 리가 없어	242
213	そうかなあ? 그럴까?	243
214	どうかなあ 글쎄	244
215	そんなんじゃないよ 그런 거 아니야	245

216 そうでもないさぁ 꼭 그렇지도 않아 246

Part 14 다양한 반응과 대답

217 だといいけど 그렇다면 다행이지만 248
218 そういえばそうだ 그러고 보니 그러네 249
219 まあ、いいけど 뭐, 그러던지 250
220 まあ、いいか 뭐, 괜찮겠지, 뭐, 괜찮지 않아? 251
221 意外だね 의외네 252
222 やっぱりそうだったのね 역시 그랬구나 253
223 今度ね 다음에 기회 되면 254
224 ショック 충격이야 255
225 ほんとかよ 정말이야? 256
226 間違いないって 틀림없다니까, 정말이라니까 257
227 それだよ 바로 그거야, 그래, 그거 258

Part 15 기타 표현

228 片手で充分 한 손으로도 할 수 있어 260
229 任せて 맡겨 둬 261
230 一応チェック 일단 체크 262
231 自信ないなあ 자신이 없네 263
232 全然ダメだ 완전 형편없어, 전혀 안 되네 264
233 こんなはずじゃなかったのに 이렇게 되는 게 아닌데 265
234 お先真っ暗だよ 앞날이 깜깜해 266

235 運を天に任せるしかないな 하늘에 운을 맡길 수밖에 없네 267
236 あたしのどこがいけないっていうの 나의 어디가 안 된다는 거야 268
237 〜に恨みでもあるの？ ~에 원한이라도 있는 거야? 269
238 いろいろあるんだ 이래저래 있어 270
239 基本的に 기본적으로, 대체로 271
240 泣いても笑っても 어찌 되든, 좋든 싫든 272

사람, 가정

Part 1

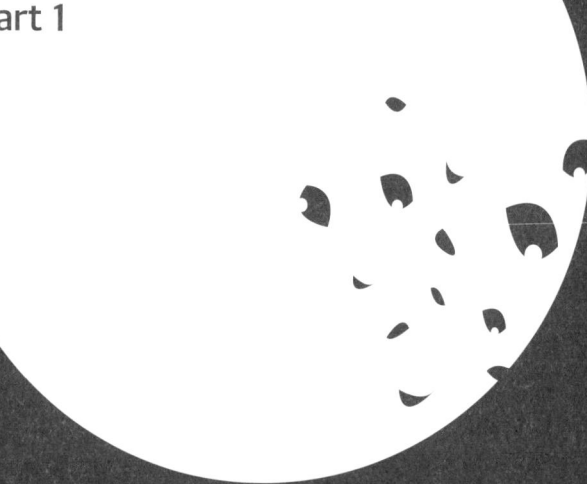

人は見かけによらないなあ

사람은 겉모습만 보고 판단할 수 없네

A　先週クラブで塚田さんを見たの。

B　塚田さんて眼鏡かけていつも一人で静かに図書館にいる、あの塚田さん？

A　そうなの。それがカラコンで金髪のウィッグつけて友達とめちゃめちゃ踊ってたよ。

B　人は見かけによらないなあ。

よるは '기인하다', '달려 있다'란 뜻으로, 부정형 よらない가 들어간 이 문장을 직역하면 '사람은 겉모습에 달려 있지 않다'가 됩니다. 덩치도 크고 험상궂게 생긴 남자가 알고 봤더니 십자수가 취미에 아주 순한 사람이라든지, 초라한 옷에 경차를 타고 다니는 사람이 알고 봤더니 백만장자라든지, 이렇게 겉모습과 달리 실제 성격이나 신분이 완전 다른 사람을 보고 놀라움을 표현하는 말입니다.

A　지난주 클럽에서 츠카다를 봤어.
B　츠카다라면 안경 쓰고 항상 혼자서 조용히 도서관에 있는 그 츠카다?
A　그래. 그게 컬러 렌즈에 금발의 가발까지 쓰고 친구들이랑 엄청 춤을 추더라고.
B　사람은 겉모습만 보고 판단할 수 없네.

2 人それぞれだからねぇ
사람마다 다 제각각이니까

それぞれは '각기', '제각각'이란 뜻으로, 사람마다 성격이나 취향, 생각 등이 모두 다르다고 할 때 쓰는 말입니다.

A とんカツを食べる時、ソースをかけて食べる？それともつけて食べる？

B 俺は面倒だから最初に全部かけちゃう。

A そっかー。俺は一口ずつつけて食べるんだ。

B 食べ方一つでも性格が出るね。

A **人それぞれだからねぇ。**

A 돈가스 먹을 때 소스를 부어 먹어? 아니면 찍어 먹어?
B 나는 귀찮아서 처음에 모두 부어 버려.
A 그렇구나. 나는 한입씩 찍어 먹어.
B 먹는 방법 하나에도 성격이 나오네.
A 사람마다 다 제각각이니까.

やっぱり美人って得ね
역시 미인은 대접받아

A 白鳥さん、荷物重いでしょ。貸して。

B 大丈夫よ、このくらい。

C 持ってくれると言ってるんだから持ってもらいなよ。

B じゃあ、お願いするわ。

C **やっぱり美人って得ね。**男性が自ら手を貸してくれるわ。

인기클럽 앞에 줄 서 있는데 미녀들은 줄 서지 않고 바로 입장한다든지, 학벌이나 경력이 뛰어나지 않는데도 예쁜 외모 덕분에 면접만 보면 합격한다든지, 어디에서 무엇을 하든 주위의 남자들이 서로 도와주려고 한다든지, 이렇게 예쁜 외모로 세상의 여러 혜택을 받는다는 의미로, '이득', '유리함'이란 뜻의 得를 써서 말합니다.

A 시라토리 씨, 짐 무겁죠? 이리 주세요.
B 괜찮아요. 이 정도는.
C 들어 준다니까 넘겨요.
B 그럼 부탁 좀 할게요.
C 역시 미인은 대접받아. 남자들이 먼저 도와주려고 하고.

4 やっぱりウチが一番
역시 집이 최고야

밖에서 힘든 일을 하고 왔든, 멋진 곳을 여행하고 왔든 집에 돌아오면 가장 마음이 편하죠. 집이 좋고 나쁨을 떠나서 집(ウチ)만큼 편하고 좋은 곳이 없다고 할 때 사용합니다.

A: ただいま〜。

B: お帰り。とっても寒かったでしょう。

A: 今年は特に寒いね。やっぱりウチが一番。暖かいし。

B: 古い家でも自分の家ほどいいところはないわ。

A 다녀왔습니다.
B 어서 와. 많이 춥지?
A 올해는 특히 더 춥네요. 역시 집이 최고야. 따뜻하고.
B 오래된 집이라도 자기 집만한 곳이 없지.

子供じゃあるまいし ⑤

애도 아니고 말이야

A: うちの旦那、料理が全然できなくて一人で家にいたらカップラーメンしか食べないの。

B: 別にいいじゃない。それでも食べてるなら。

A: でも体に悪いじゃない。

B: **子供じゃあるまいし**。あんたがすべてやってあげる必要もないわ。

어떤 사람이 나이에 맞지 않게 애처럼 행동하거나 혹은 다른 사람이 어떤 사람을 아직도 애처럼 취급할 때 더 이상 애가 아니라는 뜻으로 하는 말입니다. あるまいし는 '~도 아닌데'란 뜻으로, '高校生じゃあるまいし'라고 하면 '고등학생도 아닌데 말이야'가 됩니다.

A 우리 남편은 요리를 전혀 못해서 혼자 집에 있으면 컵라면밖에 안 먹어.

B 그러면 된 거 아니야? 뭐라도 먹고 있으니.

A 하지만 몸에 나쁘잖아.

B 애도 아니고. 네가 다 해 줄 필요도 없지.

6 男でしょ
남자가 왜 그래, 남자답게 굴어

상대방이 남자답지 않게 겁을 내거나, 소심하고 약한 모습을 보일 때 하는 말입니다. 어린아이끼리는 '男の子でしょ'라고 할 수도 있습니다.

A バーベキューの準備はできたわ。あなたはテントを作ってくれる？

B こんな大きいの一人じゃできないよ。

A 男でしょ。何とかやってよ。

B 男だからって何でもできると思うなよ。

A 바비큐 준비는 다 됐어. 당신은 텐트 쳐 줄래?
B 이렇게 큰 건 혼자서 못해.
A 남자가 왜 그래. 어떻게든 좀 해 봐.
B 남자라고 뭐든 다 할 수 있다고 생각하지 마.

女の子なんだもん 7
여자잖아, 여자인걸

A: 由美ちゃん、遅いな。

B: 稲垣君、ごめんね、お待たせ。

A: 待ち合わせに30分遅れたけど、何かあった？

B: **女の子なんだもん**。準備に時間がかかるのは当然でしょ。

A 유미가 늦네.
B 이나가키, 미안, 기다리게 했네.
A 30분이나 늦었는데 무슨 일 있었어?
B 여자잖아. 준비하는 데 시간 걸리는 게 당연하지.

여자는 외출 준비하는 데 남자보다 시간이 더 걸린다거나, 예쁘고 화려한 물건을 좋아한다거나, 화장품 사는 데 돈이 많이 든다거나 하는 등 '여자니까 그렇지, 여자는 원래 그래'란 의미로 귀엽게 여자임을 강조할 때 쓰는 말입니다.

だもん은 だもの의 준말로 '~인걸'이란 뜻입니다. 여자나 아이가 이유나 변명을 귀엽게 말할 때 자주 씁니다.

8 お友達でいましょうね

친구로 지내요

좋아한다거나 사귀자는 고백을 받았지만 상대방이 연애 상대로 느껴지지 않을 때 여성이 거절하는 표현입니다.

A ずっと君のことが好きだったんだ。どうか僕と付き合ってください。

B 気持ちは嬉しいんだけど。

A 嬉しいんだけど…？

B お友達でいましょうね。今の関係の方が私達うまくいくと思うわ。

A 俺のこと、男としては見れないということか…。

A 쭉 좋아했어요. 저랑 사귀지 않을래요?
B 좋아해 주는 건 기쁘지만.
A 기쁘지만…?
B 친구로 지내요. 지금의 관계가 좋은 거 같아요.
A 날 남자로는 볼 수 없다는 거네….

あんなブスのどこがいいのよ？

그런 못난 애가 어디가 좋은 거야?

A 高橋君、澤田さんと付き合ってるって本当？

B ああ、付き合ってるよ。

A 暗くてかわいくない澤田さんと？
あんなブスのどこがいいのよ？

B おい、人の彼女をブスって言うな。少なくとも俺から見たらお前よりかわいいよ。

'ブス'는 못생긴 여자를 가리키는 말로, 못생기고 매력도 없는 여자와 사귀는 남자에게 왜 그 여자와 사귀는지 이유를 묻는 말입니다. 참고로, 못생긴 남자나 성별에 관계없이 못생긴 사람은 不細工라고 합니다.

A 다카하시, 사와다랑 사귄다는 거 정말이야?
B 아, 사귀고 있어.
A 칙칙하고 예쁘지도 않은 사와다랑? 그런 못난 애가 어디가 좋은 거야?
B 야, 남의 여자 친구한테 못생겼다고 하지 마. 적어도 나한테는 너보다 예뻐 보여.

10 子供っていいわね
애들은 좋겠다

일이나 학업, 연애 등 딱히 걱정할 것 없이 천진난만하게 놀기만 해도 되는 아이들이 부럽다는 뜻으로 하는 말입니다.

A: 働きたくない、婚活ももう面倒臭い、将来の不安から解放されたい！

B: たまにすべて投げ出したくなるわね。

A: 子供っていいわね。大人の悩みなんて知らず無邪気に遊んでいて。

B: あの子達だって数十年経てばあんたと同じことを言ってるわ。

A 일하기 싫어, 선보는 것도 귀찮아, 미래의 불안에서 해방되고 싶어!
B 가끔 모두 내던지고 싶은 생각이 들지.
A 애들은 좋겠다. 어른들의 고민은 모르고 순진하게 놀기만 해서.
B 쟤들도 수십 년 지나면 너랑 똑같은 말 할걸.

誰に似たのかしら 11
누구를 닮은 거야

A あなた、翔太が幼稚園で若くて綺麗な先生にばかり話しかけるのよ。

B そうか、翔太は若くて綺麗な女性が好きなのか。ハハハ。

A **誰に似たのかしらね。**

B 俺は幼稚園ではそんなことしなかったぞ。

A 幼稚園ではしなくても血は争えないわね。

유별난 행동을 하는 아이를 보고 도대체 누구를 닮아서 그런 행동을 하는 거냐며 비아냥거리는 표현입니다. 이 말을 들은 사람이 '나를 닮은 건 아니야'라고 할 때는 '私じゃありませんよ'라고 합니다.

A 여보, 쇼타가 유치원에서 젊고 예쁜 선생님한테만 말을 걸어.
B 그래, 쇼타는 젊고 예쁜 여자를 좋아하는구나. 하하하.
A 누구를 닮은 거야.
B 나는 유치원에서 그러지 않았어.
A 유치원에서는 안 그래도 피는 못 속이네.

12 あたしと仕事、どっちが大事？

나랑 일 중에 뭐가 더 중요해?

일 때문에 시간이 잘 나지 않거나, 약속을 지키지 않는 등 항상 일을 우선으로 하는 남자 친구에게 따질 때 쓰는 표현입니다. 이 표현은 국가를 막론하고 어디서든 쓰이네요.

A 悪いけど、明日仕事だから早く帰りたいんだ。

B え？1ヶ月ぶりのデートなのに？

A 悪いな。ここのところ仕事が忙しくて。

B あたしと仕事、どっちが大事？そんなに仕事が好きならずっと仕事をしてればいいわ。

A 미안하지만, 내일 일해야 해서 일찍 돌아가고 싶어.
B 뭐? 한 달만에 하는 데이트인데?
A 미안. 요즘 계속 일이 바빠서 그래.
B 나랑 일 중에 뭐가 더 중요해? 그렇게 일이 좋으면 계속 일이나 해.

それはお気の毒に 13
유감이네요, 상심이 크겠어요

A 先週、愛犬の太郎が死んだんだ。

B **それはお気の毒に。** さぞかしつらいでしょうね。

A すごくショックで悲しいけど…、次は猫を飼ってみようと思う。

B 気持ちの切り替えが早いなぁ。

気の毒는 '딱함', '가엾음'이란 뜻으로, 안타까운 사연을 들었을 때 유감을 표하는 말입니다.

A 지난주에 애견 타로가 죽고 말았어.
B 유감이네요. 마음이 아프겠어요.
A 충격이 크고 슬프지만…, 다음엔 고양이를 키워 볼까 해.
B 마음 바꾸는 게 참 빠르군요.

14 ご愁傷様です

얼마나 애통하십니까

愁傷는 '비탄함'이란 뜻으로, 장례식장에서 유족에게 하는 위로의 말입니다. 'しよりお悔やみ申し上げます(삼가 조의를 표합니다)'란 말도 하지만, 짧게 한마디만 한다면 'ご愁傷様です'라고 하면 됩니다.

A 同じ会社でお世話になっておりました佐藤と申します。このたびは突然の出来事で何と申し上げてよいか言葉もありません。ご愁傷様です。心よりお悔やみ申し上げます。

B お心遣いありがとうございます。

A 長年連れ添った奥様には本当にお辛いことと存じます。何か私にできることがあったら何なりとお申し付けください。

B ご丁寧にありがとうございます。

A 같은 회사에서 신세 지고 있던 사토라고 합니다. 이번에 갑작스런 일로 뭐라고 말씀드려야 할지 모르겠습니다. 얼마나 애통하십니까. 삼가 조의를 표합니다.

B 마음 써 주셔서 감사합니다.

A 오랫동안 함께 한 부인께서 정말 상심이 크리라 생각됩니다. 제가 할 수 있는 일이 있다면 뭐든 말씀해 주세요.

B 정말 감사합니다.

시간, 시기, 행동, 동작

Part 2

15 ごめん。待った？

미안. 많이 기다렸어?

약속 장소에 늦게 왔을 때 쓰는 말로, 특히 데이트에 늦은 남자가 여자에게 자주 하는 말입니다. 이때 먼저 와 있던 사람은 일찍 왔든 방금 왔든, 상대방이 미안해하지 않게 하려고 'ううん、今来たところ(아니, 지금 막 왔어)'라고 말하는 경우가 많습니다.

A 川西君！こっちこっち。

B ごめん。待った？

A ううん、今来たところ。渋谷はやっぱり人が多いね。

B 渋谷と言えば、このハチ公前の待ち合わせが有名だよね。

A 가와니시! 여기, 여기.
B 미안. 많이 기다렸어?
A 아니. 지금 막 왔어. 시부야는 역시 사람이 많네.
B 시부야라고 하면 이 하치코 동상 앞에서 만나는 게 유명하지.

ぎりぎりセーフ 16
아슬아슬 세이프

A: みんな待たせてごめんね。

B: 映画はまだ始まってないみたい。

A: **ぎりぎりセーフ**〜。ぎりぎり間に合ったな。

B: 早く中に入ろう。

'ぎりぎり'는 '빠듯하게, 아슬아슬하게'란 뜻이고, 'セーフ'는 영어의 '세이프(safe)'입니다. 그래서 어떤 시간에 맞춰 가까스로 늦지 않게 도착하거나 간신히 시간을 맞춰 무엇을 했을 때 씁니다.

A 모두 기다리게 해서 미안.
B 영화는 아직 시작 안 한 것 같아.
A 아슬아슬 세이프. 간신히 시간 맞췄네.
B 빨리 안에 들어가자.

17 はい、チーズ
자, 김치

한국에서 사진을 찍을 때는 '김치'의 '치'에서 입을 벌려 미소를 짓는 것처럼 일본에서는 '치즈'의 '치'에서 미소를 짓고 사진을 찍습니다. 한국에서는 '김치' 대신 그냥 '하나 둘 셋'이라고 말하고 찍을 때도 많지만, 일본에서는 거의 90% 이상 '하이, 치즈'라고 말하며 사진을 찍습니다.

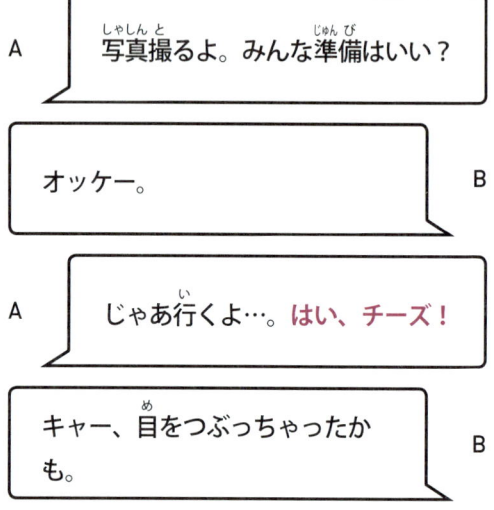

A　写真撮るよ。みんな準備はいい？

B　オッケー。

A　じゃあ行くよ…。はい、チーズ！

B　キャー、目をつぶっちゃったかも。

A　사진 찍는다. 모두 준비됐어?
B　오케이.
A　그럼 찍는다…. 자, 김치!
B　꺄~, 눈을 감은 것 같아.

今やろうと思ったのに 18
막 하려던 참이야

A: 宿題はもうしたの？

B: 今やろうと思ったのに…。

A: 宿題を終えてからゲームをしなさい。

B: ちぇっ…。

엄마가 아이에게 공부 안하냐고 뭐라고 하거나, 부인이 남편에게 청소 안하냐고 잔소리 할 때 이를 들을 아이나 남편이 안 시켜도 스스로 할 생각이었다고 핑계를 대는 말입니다.

A 숙제 벌써 다했어?
B 막 하려던 참이야….
A 숙제 다하고 게임 해.
B 쳇….

19 今さら何だよ
이제 와서 어쩌라고

헤어진 연인이 뒤늦게 용서를 구하며 다시 만나자고 하거나, 이미 다 끝난 일을 뒤늦게 바꾸려고 하는 등 상대방이 무엇을 하기에는 이미 때가 늦었다는 의미로 하는 말입니다. 비슷한 표현으로는 '今さら遅いよ(이제 와서 늦었어)'가 있습니다.

A: 本当にここのお化け屋敷に入るの？やめようよ…。

B: **今さら何だよ。** 2時間も並んで待ったんだぞ。

A: だってここ本物の幽霊が出るっていう噂だよ。

B: それで有名なんだから一度は入ってみようぜ。楽しみだ。

A 정말 이 귀신의 집에 들어가는 거야? 하지 말자….
B 이제 와서 어쩌라고. 두 시간이나 줄 서서 기다렸는데.
A 하지만 진짜 유령이 나온다는 소문이 있잖아.
B 그래서 유명하니까 한번 들어가 보자고. 기대되네.

ちょうどよかった

마침 잘됐다

A: 明日夜あいてる？飲みに行かない？

B: **ちょうどよかった。** 明日合コンで男が一人足りなかったんだ。

A: じゃあ、行くわ。

B: 人数が揃ってよかった。

어떤 일을 하려고 했는데 마침 상대방도 그 이야기를 꺼내거나, 누군가가 필요했는데 마침 그런 사람이 나타났을 때 때마침 잘됐다는 뜻으로 하는 말입니다.

A 내일 밤에 시간 돼? 술 한잔 할래?
B 마침 잘됐다. 내일 미팅에서 남자가 한 명 부족했는데.
A 그럼 갈게.
B 사람 수가 맞춰져서 다행이다.

21 せっかくですから

모처럼이니까

자주 오지 않는 어떤 기회가 모처럼 왔으니 이번에 한번 해 보라고 상대방에게 권하는 표현입니다.

A: ここはバンジージャンプで有名な場所なんです。

B: どうりであそこに高い橋があるわけだ。

A: 自然も綺麗だし、体験するにはいいですよ。**せっかくですからどうですか。**

B: 僕は高所恐怖症なんで遠慮します。

A 여기는 번지점프로 유명한 곳이에요.
B 어쩐지 저쪽에 높은 다리가 있네요.
A 자연도 예쁘고 체험하기에 좋아요. 모처럼 오셨으니 해 보시는 게 어때요?
B 저는 고소 공포증이 있어서 사양할게요.

今だけだよ
지금뿐이야

A: 新婚生活はどう？

B: 毎日ラブラブでとっても幸せなの。

A: **今だけだよ**。ラブラブなんて。

B: 5年後だって10年後だってこのラブラブを維持してみせるわ。

현재 상대방의 좋은 상황이 언제까지나 계속되지는 않을 것이라고 하는 말입니다. 깨소금 쏟아지는 신혼 생활은 결혼 초기에만 그렇다든지, 아이가 지금은 눈에 넣어도 안 아플 것처럼 귀엽지만 곧 떼쓰는 미운 4살이 된다든지, 지금뿐이라고 할 때 사용합니다.

A 신혼 생활 어때?
B 매일 알콩달콩하고 아주 행복해.
A 지금뿐이야. 알콩달콩 따위.
B 5년 후도 10년 후도 이 달콤함을 유지할 거야.

23 今のうちだよ
지금에나 가능한 거야, 지금 해야 해

코가 비뚤어지도록 마시며 파티를 하거나, 많은 이성과 연애를 해 보거나, 세계 일주를 하는 것처럼 체력적으로나 여러 이유로 젊을 때나 가능하다고 말하거나, 어떤 일을 하기엔 지금이 가장 좋은 타이밍이라고 강조할 때 사용합니다.

A: 先輩、昨日オールで飲んだのですが、疲れました。

B: 俺も20代の頃はやったけど今は体力的に無理だな。今のうちだよ。そういう無茶ができるのは。

A: ああ、年はとりたくないな。

B: 年はとったらとったでまた楽しいこともあるぞ。

A 선배, 어제 밤새 술 마셨더니 힘드네요.
B 나도 20대 땐 그렇게 마셨지만 지금은 체력적으로 무리야. 지금에나 가능한 거야. 그런 엉뚱한 짓을 할 수 있는 게.
A 아, 나이 들고 싶지 않아.
B 나이가 들면 든대로 또 즐거운 일이 있어.

やってみないと分からないでしょ

해 보지 않으면 모르는 거잖아

A: 公務員の試験を受けようかと思う。

B: 今の時代では競争率が高すぎるぞ。

A: やってみないと分からないでしょ。

B: 気持ちだけでやっていけるならそう苦労はしないよ。

내가 하려는 어떤 일에 대해 성공하기 어려울 것이라고 상대방이 부정적으로 말할 때 그래도 나는 도전해 보겠다고 의지를 나타낼 때 사용합니다.

A 공무원 시험을 볼까 생각 중이야.
B 요즘 같은 때 경쟁률이 너무 높아.
A 해 보지 않으면 모르는 거잖아.
B 마음만으로 할 수 있다면 그렇게 고생은 하지도 않지.

25 危ないところだったよ
하마터면 큰일 날 뻔했어

아슬아슬하게 위험한 일이나 곤란한 상황을 피하게 되었을 때 안도의 한숨을 내쉬며 하는 말입니다.

A 終電に乗れてよかった。

B ぎりぎりだったね。

A 途中の横断歩道が赤だったら、逃していたところだったな。

B 危ないところだったよ。じゃなければ始発まで待つところだったからな。

A 막차를 타서 다행이다.
B 아슬아슬했어.
A 도중의 횡단보도가 빨간불이었으면 놓쳤겠지.
B 하마터면 큰일 날 뻔했어. 아니면 첫차까지 기다릴 뻔했으니까.

先に行ってて 26
먼저 가 있어

A: 同窓会でみんなもう集まってるみたい。今どこ？

B: 今電車に乗ったところ。

A: 俺はまだ家なんだ。**先に行ってて**。

B: 分かった。先にみんなと飲んでいるよ。早く来いよ。

함께 가기로 한 상대방에게 자신은 좀 더 시간이 걸리니 먼저 가 있으라고 할 때 쓰는 말입니다.

A 동창회에 이제 모두 모인 것 같아. 지금 어디야?
B 지금 전철에 탔어.
A 나는 아직 집이야. 먼저 가 있어.
B 알았어. 먼저 애들이랑 마시고 있을게. 빨리 와.

27 今、手が離せないんだ
지금 뭐 좀 하고 있어서 다른 거 할 수가 없어

手が離せない는 '일손을 놓을 수 없다'란 뜻으로, 나를 찾는 사람에게, 지금 한창 어떤 일을 하고 있어서 다른 일을 할 수 없다고 하는 말입니다.

A: あなた、電球を新しく変えてほしいんだけど。

B: **今、手が離せないんだ。**

A: 何かあったの？

B: 急な仕事が来て、今すぐ見積書を書かなくてはいけないんだ。後でやるよ。

A 여보, 전구를 새 걸로 갈아 꼈으면 좋겠는데.
B 지금 뭐 좀 하고 있어서 다른 거 할 수가 없어.
A 무슨 일 있어?
B 급한 일이 생겨서 지금 바로 견적서를 써야 돼서. 이따가 할게.

もう行(い)かなきゃ 28
그만 가 봐야겠다

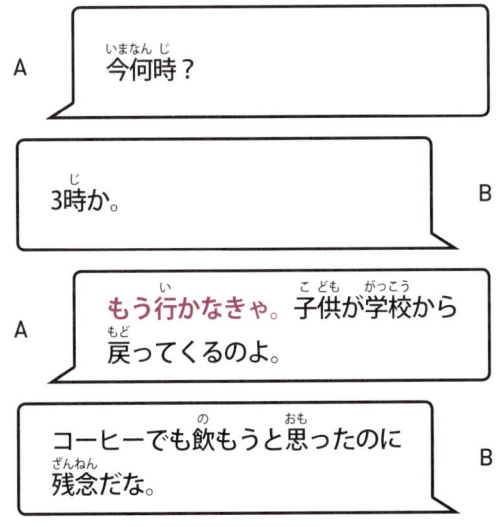

A 今(いまなん)何時？

B 3時(じ)か。

A **もう行(い)かなきゃ。** 子供(こども)が学校(がっこう)から戻(もど)ってくるのよ。

B コーヒーでも飲(の)もうと思(おも)ったのに残念(ざんねん)だな。

함께 있던 사람에게 자신은 이제 집으로 돌아가거나 행선지로 가야 함을 알리는 말입니다.

A 지금 몇 시야?
B 3시인가?
A 그만 가 봐야겠다. 아이가 학교에서 돌아올 시간이야.
B 커피라도 마시려고 했더니 아쉽네.

말1

Part 3

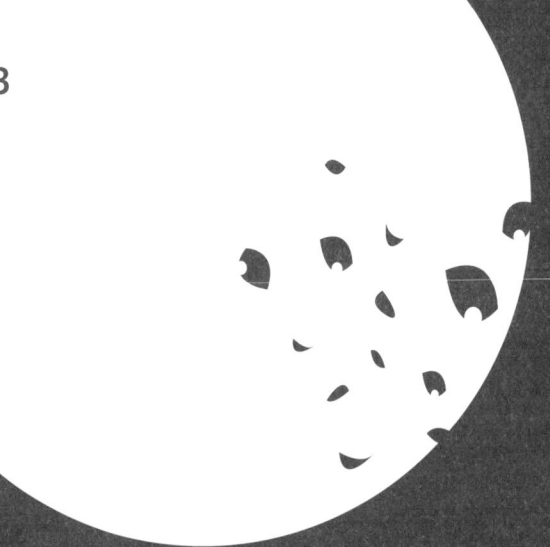

よく言われる 29
자주 들어

A: 宏美ちゃんって髪、パーマかけてるの？

B: それよく言われる。だけどこれ天然なのよ。

A: 嘘っ～。すごいナチュラルなカールだよね。

B: 私はストレートに憧れているんだけどね。

쌍꺼풀이 너무 진해서 수술했냐는 질문을 자주 듣거나, 연예인 누구를 닮았다는 말을 자주 듣는 등 이렇게 남들로부터 자주 듣는 이야기를 또 들었을 때 하는 말입니다. 'よく言われる'라고 하기고 하고 'それよく言われる(그 말 자주 들어)'라고도 합니다.

A 히로미는 머리 파마한 거야?
B 그 얘기 자주 들어. 근데 원래 곱슬이야.
A 우와~. 굉장히 자연스러운 곱슬이네.
B 나는 직모가 부럽긴 하지만.

30 固いこと言うなよ
너무 그러지 말고

'固い'는 '딱딱하다'란 뜻도 있지만 '융통성이 없다'란 뜻도 있어서 '固いこと言う'는 '융통성 없이 딱딱하게 굴다'란 의미입니다. 그래서 '固いこと言うなよ'는 '융통성 없이 너무 그러지 마라'란 말이 됩니다. 참고로, 言う가 기본형으로 이대로 쓰일 때 책에 발음 표기는 いう로 하지만, 실제 말할 때는 대부분 ゆう라고 발음합니다.

A 兄貴、このレポートちょっと会社でコピーして来てくれない？

B 私用でなんて使えないさ。

A **固いこと言うなよ。**会社だったらコピーがただじゃん。

B コピー代ぐらい払ってやるからコンビニでやれ。

A 형, 이 리포트 회사에서 복사해 줄 수 있어?
B 사적인 일로 쓸 수 없어.
A 너무 그러지 말고, 회사에서 하면 복사가 공짜잖아.
B 복사비 정도는 내가 줄테니까 편의점에서 해.

そんなこと言わないで

31

에이, 그런 소리 말고

A: 新しいプロジェクトのチームリーダーに選ばれたことを後悔してる。

B: 初めはとっても喜んでいたじゃない。

A: 想像以上に大変で俺の能力ではもう限界だよ。これ以上できない。

B: **そんなこと言わないで。** 一緒に頑張ろうよ。

상대방이 힘들어서 일을 못 하겠다고 하거나 어떤 일에 대해 스스로를 자책하거나 하는 등 어떤 부정적인 말을 할 때 그렇게 생각하지 말라고 타이르는 말입니다.

A: 새로운 프로젝트 팀 리더로 뽑힌 걸 후회하고 있어.
B: 처음에는 아주 기뻐했잖아.
A: 상상 이상으로 힘들고 내 능력으로는 이미 한계야. 이 이상은 할 수 없어.
B: 에이, 그런 소리 말고. 같이 힘내자.

32 大きな声では言えないけど
이거는 비밀인데

어떤 비밀스런 이야기를 조심스럽게 꺼낼 때 시작하는 말입니다. 개인의 비밀 또는 사내의 비밀이나 아직 발표되지 않은 정보를 상대방에게만 알려 줄 때도 사용합니다.

A 前とちょっと雰囲気が変わったけど、何かあった？

B **大きな声では言えないけど、目を二重にしたの。**

A やっぱり。何か感じが違うんだよね。

B お願い、みんなには内緒にしてね！

A 전이랑 분위기가 좀 다른데, 무슨 일 있어?

B 이거는 비밀인데, 쌍꺼풀 수술했어.

A 역시. 뭔가 느낌이 다르더라고.

B 제발 사람들한테는 비밀로 해 줘!

何が言いたいの？ 33
무슨 말이 하고 싶은 거야?

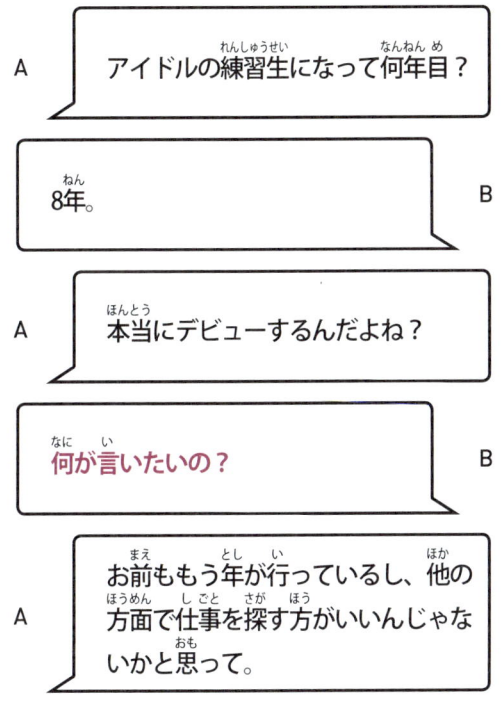

상대방이 요점을 바로 말하지 않고 빙빙 돌려서 딴 이야기를 하는 것 같을 때 정말로 하고 싶은 말이 무엇인지 묻는 질문입니다.

A 아이돌 연습생 된 지 몇 년째야?
B 8년.
A 정말로 데뷔하는 거지?
B 무슨 말이 하고 싶은 거야?
A 너도 이제 나이가 있는데, 다른 쪽으로 일자리를 알아보는 게 좋지 않을까 해서.

34 はっきり言えよ
확실히 말해

상대방이 머뭇거리며 하려는 말을 분명하게 하지 않을 때 확실히 말하라고 재촉하는 표현입니다.

A 私が言いたいのは、その…だから…つまり…。

B ん？何が言いたいの？はっきり言えよ。

A あなたのことが好きってこと。

B 告白か。だったら最初からそう言えばいいのに。

A 내가 말하고 싶은 것은 그… 그러니까… 즉….
B 응? 무슨 말을 하려는 거야? 확실히 말해.
A 너를 좋아한다고.
B 고백하는 거야? 그럼 처음부터 그렇게 말하면 되지.

だから言った じゃない！

35

그래서 말했잖아!

A 寒いからマフラーした方がいいよ。

B 大丈夫だよ。男だし…。へっくしゅん。

A **だから言ったじゃない。**風邪引いても知らないからね。

B 言われたとおりにすればよかった。

내 말을 듣지 않아 안 좋은 일이 생긴 상대방을 나무라는 말입니다. 여자는 'だから言ったじゃない'라고 하고, 남자는 'だから言ったじゃないか' 또는 'だから言っただろう'라고 합니다.

A 추우니까 목도리 하는 게 좋아.
B 괜찮아. 남잔데…. 에취.
A 그래서 말했잖아. 감기 걸려도 모른다.
B 말한 대로 했으면 좋았을걸.

36 何か言えよ
뭐라고 말 좀 해 봐

상대방을 질책하는 상황에서 상대방이 사과나 변명 등 아무 말도 하지 않을 때 무슨 이야기라도 해 보라고 답답함을 표현하는 말입니다. 보통 何か言えよ라고 하고, 간혹 何か言えよ라고 말하는 경우도 있습니다. 비슷한 표현으로는 返事ぐらいしろよ(대답이라도 좀 해봐)'가 있습니다.

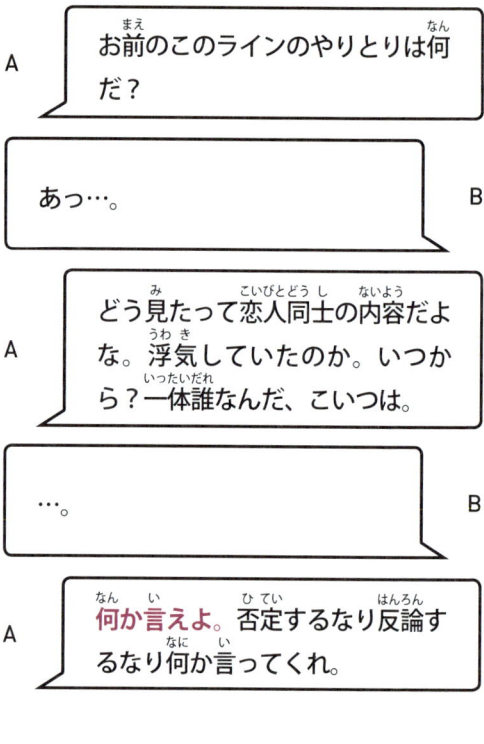

A お前のこのラインのやりとりは何だ？

B あっ…。

A どう見たって恋人同士の内容だよな。浮気していたのか。いつから？一体誰なんだ、こいつは。

B …。

A **何か言えよ**。否定するなり反論するなり何か言ってくれ。

A 너 이 라인 대화는 뭐야?
B 아….
A 어떻게 봐도 연인 간의 내용이잖아. 바람 피우고 있었던 거야? 언제부터? 도대체 누구야, 이 사람?
B ….
A 뭐라고 말 좀 해 봐. 부정을 하든지, 반론을 하든지, 뭐라도 말 좀 해 봐.

簡単に言うね 37
너무 쉽게 말하네

A 今回の面接、落ちたらどうしよう。

B 落ちたら落ちたでまた違うところ受ければいいだろう。

A **簡単に言うね。** 人ごとだと思って。

B 簡単に考えた方がうまくいく場合だってあるからそう言ってるのさ。

상대방이 나의 중요한 일을 자기 일이 아니라고 남 이야기하듯 너무 쉽게 말할 때 나무라는 말입니다.

A 이번 면접 떨어지면 어떡하지.

B 떨어지면 떨어진 걸로 또 다른 곳에 지원하면 되지.

A 너무 쉽게 말하네. 남의 일이라고.

B 쉽게 생각하면 더 잘 되는 경우도 있어서 그렇게 말하는 거야.

38 よく言う
네가 잘도 그런 말 하네

'よくそんなことが言えるね'의 줄임말로, 상대방의 믿을 수 없는 발언을 듣고 황당하고 믿을 수 없음을 표현할 때 사용합니다. 때로는 분노를 표현할 때 쓰기도 합니다. 강한 표현이니 주의해서 쓰세요.

A: よし！来週から健康のために毎朝早く起きてジョギングをするぞ！

B: **よく言う。**いつも昼過ぎまで寝てるくせに何が朝からジョギングよ。

A: やってみないと分からないだろう。

B: あんたの生活習慣を見るとやらなくても分かるわ。

A 좋아! 다음 주부터 건강을 위해 아침 일찍 일어나서 조깅을 하겠어!
B 네가 잘도 그런 말 하네. 맨날 대낮까지 자면서 무슨 아침부터 조깅이야.
A 해 보지 않고는 모르는 거잖아.
B 너의 생활 습관을 보면 안 해 봐도 다 알아.

自分で言うなよ 39
자기 입으로 그런 말 하냐

A: 昨日ショッピングで白のパンツを買ったの。

B: 白か。私は欲しいけど太く見えるから買ったところで履けないな。

A: 普通はそう思うよね。でも私は足が細くて長いから問題ないわ。

B: **自分で言うなよ。**スタイルいいのは十分分かってるから。

자화자찬하거나 자신의 장점을 스스로 말하는 사람에게 어이가 없음을 나타내는 말입니다.

A 어제 쇼핑에서 흰색 바지를 샀어.

B 흰색이네. 나는 갖고 싶지만 뚱뚱해 보여서 사도 입을 수 없어.

A 보통은 그렇게 생각하지. 하지만 나는 다리가 가늘고 길어서 문제 없어.

B 자기 입으로 그런 말 하냐. 몸매 좋은 건 이미 알고 있다고.

40 人のこと言えるか
지금 남 얘기 할 처지야?

자기 앞가림도 제대로 못하면서 이러쿵저러쿵 남 이야기하는 상대방을 나무라는 말입니다. '人'는 단순히 '사람'으로 쓰이기도 하지만, '남'이란 뜻으로도 많이 사용됩니다.

A ちょっと、太郎が描いた絵を見てよ。まるで小学生が描いたみたい。

B 人のこと言えるか。お前のもそこそこ酷いぞ。

A 俺の絵は抽象画だからそうなんだ。絵の見方を知らないな。

B 見たところ落書きにしか見えないけど。

A 저기 타로가 그린 그림 좀 봐. 꼭 초등학생이 그린 것 같다.
B 지금 남 얘기 할 처지야? 네 그림도 만만치 않은데?
A 내 그림은 추상화라서 그런 거야. 그림 볼 줄 모르는군.
B 내가 보기엔 낙서로밖에 안 보이는데.

ばかなこと言うなよ 41
바보 같은 소리 하지 마

A もう仕事に行きたくない。辛いんだ。

B 気持ちは分かるけど。

A 会社辞めようと思ってる。

B **ばかなこと言うなよ。**家族のことも考えろ。

상대방이 사소한 이유로 학교나 일을 그만두겠다고 하는 등 현실을 생각하지 않고 비이성적인 말을 할 때 말도 안 되는 소리 하지 말라고 하는 말입니다.

A 이제 회사에 가고 싶지 않아. 너무 힘들어.
B 마음은 알지만.
A 회사 관두려고 해.
B 바보 같은 소리 하지 마. 가족도 생각해야지.

42 むちゃ言うなよ
당치도 않는 소리 마

'むちゃ'는 '터무니없음'이란 뜻으로, 상대방이 무리한 부탁을 하거나 터무니없는 일을 하겠다고 할 때 당치도 않는 소리 하지 말라고 하는 말입니다.

A: 冬の海というのもいいもんだな。ちょっと入ってみようか。

B: **むちゃ言うなよ。**こんな寒いんだぜ。

A: 寒いから大きな声出してストレス解消したいんだ。

B: 分かった。付き合うよ。

A 겨울 바다도 좋구나. 한번 들어가 볼까?
B 당치도 않는 소리 마. 이렇게 추운 날씨에.
A 추우니까 큰 소리 내고 스트레스를 풀고 싶단 말이지.
B 알았어. 같이 해 보자.

そうは言ってないよ 43
그렇게는 말하지 않았어

A: 今履いてるスカートなら、ヒールが似合うと思うよ。

B: 私の足が短いっていうの？

A: **そうは言ってないよ。** 今のカジュアルでかわいいスタイルよりも大人っぽい綺麗なスタイルの方が雰囲気に合ってるってこと。

B: 何よ、最初からそう言ってくれたら誤解はなかったのに。

내 의도와 달리 상대방이 내 말을 부정적으로 받아들였을 때 그런 뜻으로 한 말이 아니라고 하는 표현입니다.

A 지금 입은 치마에는 하이힐이 어울릴 것 같아.
B 내 다리가 짧다고 하는 거야?
A 그렇게는 말하지 않았어. 지금의 캐주얼하고 귀여운 스타일보다 어른스러운 예쁜 스타일이 더 분위기에 맞다는 거지.
B 뭐야, 처음부터 그렇게 말했으면 오해하지 않지.

44 そんなこと言ったっけ？
그런 말 했었어?

내가 한 말을 지키지 않는다고 상대방이 추궁할 때 내가 그런 말을 했었는지 기억이 잘 나지 않는다며 시치미 뗄 때 쓰는 말입니다.

A 結婚したら家事は分担するって言ったのにまったくやってくれないのね。

B そんなこと言ったっけ？

A そうやって覚えてないふりをする。

B 言ってくれたらやるよ。

A 言わなきゃやらないってこと？

A 결혼하면 가사는 분담하자고 하더니 하나도 안 하네.
B 그런 말 했었어?
A 그런 식으로 기억 안 나는 척하지.
B 말하면 해 주지.
A 말 안 하면 안 하는 거야?

たまにはいいこと言うね 45
가끔은 바른 소리도 하네

A: 仕事嫌だな。辞めたいな…。

B: 働ける健康な体があるだけでも幸せと思わないと。

A: そうだな。健康が一番だからな。**たまにはいいこと言うね。**

B: おいおい、たまにはとは失礼だな！

평소 쓸데없는 이야기나 바보 같은 소리를 많이 하던 사람이 모처럼 올바른 이야기를 할 때 농담처럼 쓰는 말입니다.

A 일하기 싫다. 그만두고 싶다….
B 일할 수 있는 건강한 몸이 있는 것만으로도 행복하다고 생각해야지.
A 그래. 건강이 제일이니까. 가끔은 바른 소리도 하네.
B 이봐, 가끔이라니 너무하네!

46 うまいこと言うねえ

맞아, 제대로 말했어

상대방이 어떤 사실을 꿰뚫어보고 정곡을 찌르는 말을 하거나, 적절한 말로 아주 잘 비유해서 표현했을 때 이를 칭찬하는 말입니다.

A: 俺の上司が成績を上げろってうるさいんだ。

B: いるよね。数字しか見ない上司。

A: 仕事を「死ぬ気でやれっ！」って言うんだけど、こっちは生きるために仕事してるんだっつーの。

B: うまいこと言うねえ。

A 상사가 실적 올리라고 난리야.
B 있지. 숫자밖에 보지 않는 상사.
A 일을 "죽을 각오로 해라!"라고 하는데, 우리는 살기 위해 일하고 있단 말이야.
B 맞아, 제대로 말했어.

うまく言えないけど

정확히 말하긴 어렵지만, 말로 잘 설명하기 어렵지만

A 離婚の原因って何だったの？

B これと言って大きな理由があったわけじゃないの。

A なるほどね。

B **うまく言えないけど。**しいて言えば価値観の違いと言えるのかな。

무엇에 대해 설명하는 게 쉽진 않지만 상대방이 물어봐서 대답하려고 할 때 쓰는 말입니다.

A 이혼의 원인이 뭐였어?

B 이렇다 할 특별한 이유가 있는 건 아니었어.

A 그렇구나.

B 정확히 말하긴 어렵지만. 굳이 말하자면 가치관의 차이라고 할까.

48 どこまで言ったっけ？
어디까지 얘기했지?

하던 이야기를 다시 시작하려고 하는데 어디까지 말했는지 생각나지 않아서 묻는 표현입니다.

A 私はオムレツにする。洋子は？

B 私は明太子スパゲティ。

A あぁ、前に付きまとわれていたストーカーはどうなった？

B **どこまで言ったっけ？** 警察を呼んだ話までしたっけ？

A 나는 오믈렛 먹을게. 요코는?
B 나는 명란 스파게티.
A 아, 저번에 따라다닌다던 스토커는 어떻게 됐어?
B 어디까지 얘기했지? 경찰을 부른 이야기까지 했나?

말로

Part 4

49 いちいちうるさいな
하나하나 시끄러워 죽겠네

이래라저래라 참견하는 상대방에게 그만 좀 하라는 뜻으로 하는 말입니다.

A: 掃除は終わった？部屋はちゃんと片付けたのか。

B: 全部やったわよ。

A: 今日は親が来るからな。ちゃんとしているところ見せないと。

B: **いちいちうるさいな**。そんなこと言ってる暇があるなら手伝ってよ。

A 청소 끝났어? 방은 제대로 정리한 거야?
B 다했어.
A 오늘 부모님 오시잖아. 잘 정리된 모습을 보여야지.
B 하나하나 시끄러워 죽겠네. 그런 말할 틈 있으면 도와주던가.

ごちゃごちゃ言うなよ

투덜거리지 좀 마

A: こんな汚いお店で食事なんてしたくないわ。

B: ここしかないんだから我慢しろ。

A: 狭いしうるさいし。おまけに食べたい料理もないし。

B: **ごちゃごちゃ言うなよ。** いいから早く注文しろ。

'ごちゃごちゃ言う'는 이것저것 불평, 불만을 늘어놓는 것을 뜻해서, 그런 사람에게 그만 하라고 할 때 'ごちゃごちゃ言うなよ'라고 합니다.

A 이런 더러운 가게에서 식사하고 싶지 않아.
B 여기밖에 없으니까 좀 참아.
A 좁고 시끄럽고. 게다가 먹고 싶은 음식도 없고.
B 투덜거리지 좀 마. 됐으니까 빨리 주문이나 해.

51 いつまで言ってんだよ
언제까지 그 얘기 할 거야?

이미 끝난 일을 가지고 미련을 못 버리고 계속해서 이야기할 때 그만 좀 하라고 하는 말입니다.

A 今日の飲み会に、美和ちゃんは本当に来ないの？

B いつまで言ってんだよ。さっき来れないと連絡があっただろう。

A 寂しいな。残念だな。

B ぶつぶつうるさいなぁ。

A 오늘 회식에 미와 정말 안 와?
B 언제까지 그 얘기 할 거야? 아까 못 온다고 연락 왔잖아.
A 섭섭해. 아쉽다.
B 중얼중얼 시끄러워 죽겠네.

何度言ったら分かるの？ 52

몇 번이나 말해야 알아듣는 거야?

A: お腹すいたな。ラーメンでも食べようかな。

B: 夜中にラーメンはだめよ。

A: 夜食のラーメンはまた格別にうまいんだよ。

B: **何度言ったら分かるの？** だめだって。ダイエット中でしょ！前にも同じこと言って私に怒られたでしょ。

같은 말을 여러 번 해도 상대방이 말을 듣지 않거나 이해하지 못할 때 답답함을 표현하는 말입니다.

A 배고파. 라면이라도 먹을까.
B 밤중에 라면은 안 되지.
A 야식으로 라면은 특별히 맛있어.
B 몇 번이나 말해야 알아듣는 거야? 안 된다고. 다이어트 중이잖아! 전에도 같은 소리 해서 나한테 혼나 놓고 그러네.

53 どうしてもっと早く言ってくれなかったんだ
왜 진작 말하지 않았어?

상대방이 중요하거나 급한 일을 바로 알려 주지 않았을 때 안타까움이나 속상함을 나타내는 표현입니다.

A: 部長、ちょっと相談したいことがあるんです。

B: どうしたんだい？

A: 実は上司からたびたびセクハラのような言動があって悩んでいます。

B: **どうしてもっと早く言ってくれなかったんだ。** 私も今後は注意して見ておくよ。もし何かあったら今度はすぐに報告してくれよ。

A 부장님. 상담드릴 게 있는데요.
B 무슨 일이야?
A 실은 어떤 상사가 여러 번 성희롱 같은 언행을 해서 고민하고 있습니다.
B 왜 진작 말하지 않았어? 나도 앞으로 신경 써서 지켜볼게. 혹시 무슨 일 있으면 그땐 바로 보고해.

そうは言ってもねえ 54

그렇다고는 하지만

A このメニュー、野菜が多いな。

B ヘルシーでいいじゃない。

A 実は野菜が嫌いでね。

B **そうは言ってもねえ。**健康のためにも食べた方がいいよ。

A そうだな。

상대방이 한 말에 대해 그럼에도 불구하고 그에 반대되는 무엇이 옳다고 말할 때 쓰는 표현입니다.

A 이 메뉴 야채가 많구나.
B 건강하고 좋잖아.
A 실은 야채를 싫어해서.
B 그렇다고는 하지만. 건강을 위해서라도 먹는 게 좋아.
A 그러게 말이야.

55 そんなこと言われても

그렇더라도 어쩔 수 없어

상대방이 아무리 절실한 말을 해도 현재의 상황을 바꾸는 것이나 부탁을 들어주는 것은 어렵다고 할 때 쓰는 표현입니다. 비슷한 말로는 'そんなこと言ったって'가 있습니다.

A 岡本！明日のバイトのシフトを変えてくれないかな？

B 明日は無理だよ。

A 頼むよ。明日急に就職の面接を受けることになってしまって。

B **そんなこと言われても**。俺だって明日大学で授業があるんだよ。

A 오카모토! 내일 아르바이트 시간 좀 바꿔 줄 수 없어?
B 내일은 무리야.
A 부탁이야. 내일 갑자기 취업 면접을 보게 돼서.
B 그렇더라도 어쩔 수 없어. 나도 내일 학교에서 수업이 있어서.

そんな言い方ないじゃない

그런 식으로 말하면 안 되지

A 今日も残業？

B うん、最近仕事が多くて。

A 給料は大したことないのに何でそんなに残業が多いの？

B **そんな言い方ないじゃない。** 俺は家族のために一生懸命尽くしているのに。

상대방이 남의 상황이나 마음은 생각하지 않고 그 사람의 자존심을 건드리거나 실례되는 말을 함부로 했을 때 이를 나무라는 말입니다.

A 오늘도 야근이야?

B 응, 요즘 일이 좀 많아서.

A 월급은 얼마 안 되는데 무슨 야근은 그렇게 많아?

B 그런 식으로 말하면 안 되지. 나는 가족을 위해 최선을 다하고 있는데.

57 そこまで言うか、普通

그렇게까지 말하진 않잖아, 보통

상대방이 대수롭지도 않은 일을 가지고 끝까지 물고 늘어질 때 그만 좀 하라는 뜻으로 하는 말입니다.

A: 健康に気を遣っているのにコーラを飲むの？体に悪いよ。

B: どうしてもやめられなくて。

A: 運動してもコーラ飲んだら意味ないじゃん。さらに、運動した時間も手間も無駄になるよ。

B: **そこまで言うか、普通**。コーラ一つで…。

A: 一日に大きな損をしているようでもったいないと思うんだ。

A 건강에 신경 쓰고 있는데 콜라를 마셔? 몸에 안 좋아.
B 아무래도 그만두지 못해서.
A 운동해도 콜라를 마시면 의미가 없잖아. 게다가 운동한 시간과 노력도 헛되게 되고.
B 그렇게까지 말하진 않잖아, 보통. 콜라 하나로….
A 하루 동안 큰 손실을 보는 것 같아서 아깝잖아.

冗談じゃない！

당치도 않는 소리 마!

A: 母さんにテレビを買ってあげたいんだけど、いいかな。

B: 先月も洗濯機を買ってあげたのに、また？

A: だって壊れたって言うから。

B: **冗談じゃない！**うちの家計も考えてから言ってよ。

상대방이 현실적으로 어려운 터무니없는 말을 할 때 이를 반박하는 말입니다.

A 엄마한테 텔레비전 사 드리고 싶은데 괜찮아?
B 지난달에는 세탁기 사 드렸는데 또?
A 고장났다고 하잖아.
B 당치도 않는 소리 마! 우리 집 형편도 생각하고 말해.

59 笑わせるな
웃기지 좀 마, 웃기고 있네

상대방이 혼자 착각해서 말도 안 되는 소리를 할 때 말 같지도 않은 소리 하지 말라는 뜻으로 사용합니다.

A このまま行けば俺は昇進だ。

B 笑わせるな。うちには昇進候補の井上がいるんだ。お前なんてまだまだだ。

A お前の方こそ笑わせるな。井上になんて俺が負けるか。

B どちらが先に昇進かお手並み拝見だな。

A 이대로 가면 승진이다.
B 웃기지 좀 마! 우리 팀에는 승진 후보인 이노우에가 있어. 너는 아직 멀었어.
A 너야말로 웃기지 좀 마. 이노우에한테 내가 밀리겠어?
B 어느 쪽이 먼저 승진하는지 실력을 지켜보자고.

大きなお世話だ 60
쓸데없는 참견 마

A: お正月に親戚同士で集まったんだけど、まだ結婚しないのかってうるさくてさ。

B: うわー、うざい…。

A: 親でも言わないのに親戚が言うって、**大きなお世話**だよね。

B: まだそういうことを言う年寄りたちがいるのね。

大きなお世話 또는 余計なお世話는 '쓸데없는 참견'이란 뜻으로, 남의 일에 지나치게 참견하는 상대방 또는 다른 사람에게 하는 말입니다.

A 설날에 친척끼리 모였는데, 아직 결혼하지 않냐고 잔소리하지 뭐야.
B 우와, 짜증나겠다….
A 부모님도 말 안 하는데 친척이 말하는 건 쓸데없는 참견이지.
B 아직도 그런 얘기 하는 어른들이 있나 보네.

61 そんなのあり？

그게 말이 돼?, 그게 가능해?

불가능할 것 같은 이야기나 전혀 생각지도 못한 이야기를 들었을 때 놀라움을 나타내는 표현입니다. ある의 명사형 あり는 '있음', '가능함'이란 뜻으로, 어떤 일이 존재하거나 가능성 있음을 의미합니다. 그래서 이 문장을 풀어서 해석하면 '그런 게 있을 수 있어?'가 됩니다.

A 美智子って親のコネでモデルになったんだって。

B **そんなのあり？** コネなんかでモデルになれるの？

A それがさ、あの子のお父さん芸能プロダクションとパイプがあるじゃん。そこへ大金も積んだみたいで。

B いいわねー。お金と権力さえあれば何でもできるわね。

A 미치코는 부모의 연줄로 모델이 됐대.
B 그게 말이 돼? 연줄로 모델이 될 수 있는 거야?
A 그게, 걔 아버지가 연예 기획사랑 연줄이 있잖아. 거기에 큰 돈도 실은 것 같아.
B 좋겠다. 돈과 권력만 있으면 뭐든 할 수 있네.

うそつけ 62
거짓말 마, 거짓말이잖아

A: やっぱり男性は一途で優しい人が一番よね。

B: **うそつけ**。以前はお金持ちがいいって言ってたくせに。

A: そうだっけ？

B: その前は外見が一番って言ってたじゃん。

문장을 직역하면 '거짓말 해'라는 명령문이 되지만, 여기서는 반어법으로 거짓말하는 상대방을 나무랄 때 '거짓말이잖아, 거짓말 마'라는 의미로 사용되었습니다.

A 역시 남자는 한결같고 다정한 사람이 제일이야.
B 거짓말 마. 전에는 부자가 좋다고 해 놓고선.
A 그랬었나?
B 그 전엔 외모가 제일이라고 했었잖아.

63 うそばっかり
맨날 거짓말이야

걸핏하면 거짓말하는 사람이 무슨 말을 했을 때 이번에도 또 거짓말이겠지라며 의심하는 말입니다.

A 次の休みは必ずヨーロッパ旅行に行くと約束するよ。

B **うそばっかり**。いつもそう言って約束守ったことないわね。

A そんなことないよ。

B 去年行こうとした温泉旅行にもまだ行ってないじゃない。

A 다음 휴가 때는 유럽 여행 가는 거 꼭 약속할게.
B 맨날 거짓말이야. 항상 그렇게 말하고 약속 지킨 적 없잖아.
A 그런 거 아니야.
B 작년에 가기로 했던 온천 여행도 아직 안 갔잖아.

からかうなよ

놀리지 마

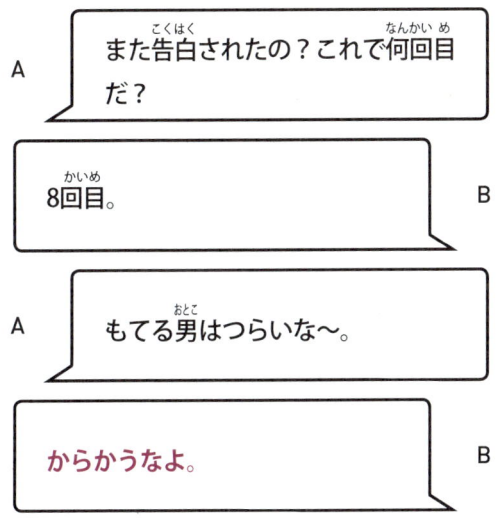

상대방에게 놀리는 것을 그만두라고 할 때도 쓸 수 있지만, 상대방이 나를 치켜세우는 말을 할 때 쑥스러워서 그만하라고 할 때도 많이 씁니다.

A 또 고백 받았어? 이걸로 몇 번째야?
B 8번째.
A 인기 있는 남자는 힘들어~.
B 놀리지 마.

65 なーんてね
농담이야

농담을 하고 나서 농담이었다고 말할 때도 쓰고, 진심으로 한 말이었지만 상대방이 당황하거나 혹은 자신이 쑥스러워서 농담으로 돌릴 때도 많이 씁니다. 예를 들면 이성에게 좋아한다고 말했다가 쑥스러워서 농담이었다고 말할 때도 자주 씁니다.

A 俺が買っておいたワイン、どこにあったっけ？

B ずっと置いたままだったから私、飲んじゃったよ。

A え？一本を全部？ひどいよー。

B **なーんてね**。邪魔だから冷蔵庫の横に置いておいたわ。早く片付けてよ。

A 내가 사 놓은 와인 어디에 있더라?
B 계속 안 마시고 놔두길래 내가 마셔 버렸어.
A 뭐? 한 병 다? 너무해.
B 농담이야. 걸리적거려서 냉장고 옆에 놔뒀어. 빨리 마시고 치워.

冗談でも言っていいことと悪いことがあるでしょ 66
농담이라도 할 말과 안 할 말이 있지

A: お義兄さんって最近週末に外出することが多いね。

B: やっぱりそう思う？

A: 怪しいなぁ。もしや女性でもいたりして。

B: ちょっと！冗談でも言っていいことと悪いことがあるでしょ。

아무리 친한 친구나 가족이라도 할 말과 안 할 말이 있기 마련이죠. 지나친 농담을 한 상대방을 나무랄 때 하는 말입니다. 비슷한 표현으로는 '冗談にもほどがあるよ(농담에도 정도가 있는 거야)'가 있습니다.

A 형부는 요즘 주말에 외출이 잦네.
B 역시 그렇게 생각하니?
A 수상하네. 혹시 여자라도 있나.
B 좀! 농담이라도 할 말과 안 할 말이 있지.

67 痛いとこ突くね
아픈 곳 찌르네

고쳐야 할 단점이나 약점을 지적당했을 때 인정하며 하는 말입니다.

A: 肌が荒れてるわ。エステに予約しようかな。化粧品ももっと高いのに変えようかな。

B: それよりもたばこをやめて、お酒もちょっと減らしたら？

A: **痛いとこ突くね。**

B: そこを変えただけでも肌は全然変わるよ。

A 피부가 거칠어졌어. 에스테틱 예약할까. 화장품도 더 비싼 걸로 바꿀까?
B 그것보다도 담배 끊고, 술도 좀 줄이지 그래?
A 아픈 곳 찌르네.
B 그것만 바꿔도 피부가 완전 달라질 거야.

みんな口ではそういうけど実際は 68

모두 말은 그렇게 하지만 실제로는

A: グラビアアイドルの美香ちゃんって、外見や経済力は見ないで優しいお父さんみたいな男性が好きなんだって。

B: **みんな口ではそういうけど実際は**そうじゃないよ。

A: お前がなんで分かるんだよ。

B: だいたい芸能人の女なんて金持ちかイケメンと結婚するじゃないか。

다들 말은 그렇게 하지만 현실은 다른 경우 하는 말입니다.

A 그라비아 아이돌 미카가 외모나 경제력은 보지 않고 자상한 아빠 같은 남자가 좋대.
B 모두 말은 그렇게 하지만 실제로는 그렇지 않아.
A 니가 어떻게 알아?
B 대부분의 여자 연예인들은 부자 아니면 잘생긴 남자랑 결혼하잖아.

이야기

Part 5

ちょっといいかな？

잠깐 시간 돼?

A 京子ちゃん、仕事中にごめんね。

B ううん、大丈夫よ。

A **ちょっといいかな？**企画書のことでいくつか聞きたいことがあって。

B じゃあ、会議室に行ってやろうか。

상대방과 둘이서 할 말이 있어서 상대방에게 하던 일을 잠시 멈추고 이야기할 수 있는지 물어볼 때 사용합니다.

A 교코, 일하는데 미안.
B 아니, 괜찮아.
A 잠깐 시간 돼? 기획서에 관해 몇 가지 궁금한 게 있어서.
B 그럼 회의실에 가서 얘기할까?

70 話があるんだけど
할 얘기가 있는데

상대방에게 할 이야기가 있을 때 쓰는 표현으로, 주로 중요한 이야기를 하려고 할 때 많이 씁니다.

A 美咲、今時間あるかな？話があるんだけど。

B 何かあったの？怖い顔して。

A 実は美咲の彼氏が先週女の子と腕組んでカラオケBOXに入って行くの見たの。

B それ私の妹よ。そのカラオケには私もいたのよ。

A 미사키, 지금 시간 있어? 할 얘기가 있는데.
B 무슨 일 있었어? 무서운 얼굴을 하고.
A 사실 미사키의 남자 친구가 지난주 여자랑 팔짱을 끼고 노래방에 들어가는 걸 봤어.
B 그거 내 여동생이야. 그 노래방에는 나도 있었어.

で、話って何？ 71
그래서 할 얘기란 게 뭔데?

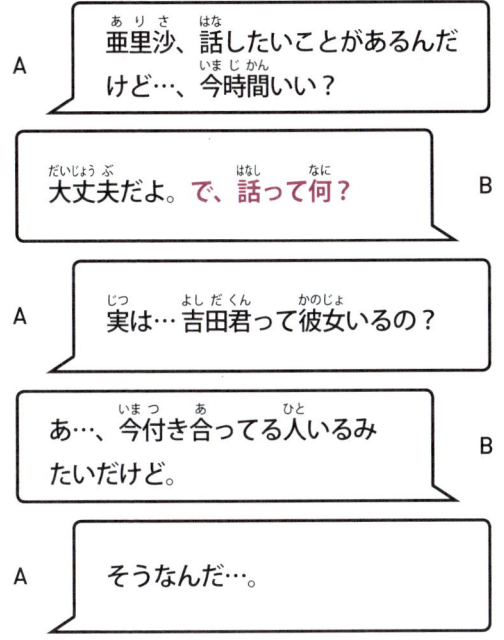

A 亜里沙、話したいことがあるんだけど…、今時間いい？

B 大丈夫だよ。で、話って何？

A 実は…吉田君って彼女いるの？

B あ…、今付き合ってる人いるみたいだけど。

A そうなんだ…。

'で'는 'それで'의 준말로, 상대방이 하려는 말이 뭔지 지금 이야기해 보라는 말입니다.

A 아리사, 하고 싶은 얘기가 있는데…, 지금 시간 돼?
B 괜찮아. 근데 할 얘기란 게 뭔데?
A 실은… 요시다, 여자 친구 있어?
B 어…, 걔 지금 사귀는 사람 있는 거 같던데.
A 그렇구나….

72 話は変わるけど
이건 다른 얘긴데

대화를 하다가 새로운 다른 이야기를 꺼내려고 할 때 쓰는 표현입니다.

A: 来週、映画でも見に行かない？

B: いいね、「シン・ゴジラ」が見たかったんだ！

A: それ見ようか。**話は変わるけど**、引越しはすることになったの？

B: それなんだけど、今物件を見てるところなのよ。

A 다음 주에 영화라도 보러 가지 않을래?
B 좋아, '신·고질라'가 보고 싶었어!
A 그거 볼까? 이건 다른 얘긴데, 이사는 하기로 했어?
B 그것 말인데, 지금 집 보고 있는 중이야.

話が違うじゃないか 73
말이 다르잖아

A: あの、雇用契約の内容ですが、面接の時話していたのとは違うのですが。

B: でも君、もう書類にサインしてるよね。内容を全部把握したうえでサインしたんだろう。

A: これじゃあ話が違うじゃないか。人を騙して！

B: 人聞きの悪いことを言うね。嫌だったら辞めてくれてかまわんよ。

현재의 상황이 이전에 상대방이 말하거나 약속한 것과 달라서 분노를 표현할 때 사용합니다.

A 저, 고용 계약 내용이 면접 때 말했던 것과 다른데요.
B 근데 자네 이미 서류에 사인하지 않았나. 내용을 전부 파악하고 사인한 거 아닌가?
A 이건 말이 다르잖아? 사람을 속여 놓고!
B 말을 함부로 하는군. 싫으면 그만두던지.

74 それとこれとは話が別でしょ
그거랑 이거는 다른 얘기잖아

상대방이 관련 없는 두 얘기를 연관지어 이야기 할 때 그것과 이것은 별개의 문제라고 하는 말입니다.

A ごめん、ちょっとお金貸してほしいんだ。

B もう嫌だよ。いつもいつもお金って。

A 彼女、紹介してやったじゃないか。

B **それとこれとは話が別でしょ。** 今回は貸せないから。

A 미안하지만, 돈 좀 빌려주면 좋겠는데.
B 이제 싫어. 맨날 돈 얘기만 하고.
A 내가 여자 친구 소개해 줬잖아.
B 그거랑 이거는 다른 얘기잖아. 이번엔 빌려줄 수 없어.

それなら話は別だよ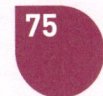
그렇다면 얘기가 다르지

A: 金曜日の夜、パーティーのウエーターのアルバイトがあるけどやらない？

B: ウエーターか。面倒くさいなぁ。

A: 給与が5時間で2万円なんだよ。

B: **それなら話は別だよ。**詳しく話を聞こう。

상대방으로부터 무엇에 대한 추가적인 정보를 듣고나서 그 내용이라면 생각이나 상황이 달라진다고 할 때 사용합니다.

A 금요일 밤 파티의 웨이터 아르바이트가 있는데 안 할래?
B 웨이터? 귀찮아.
A 보수가 5시간에 2만 엔이야.
B 그렇다면 얘기가 다르지. 자세한 이야기를 들어 보자.

76 そういう話もあったな
그런 얘기도 있었지

자신이 그런 말도 한 것 같다며 소극적으로 인정할 때 쓰는 표현입니다.

A: 仕事辞めたら、家事を全部自分でするって言ってたよな。

B: **そういう話もあったな。**

A: 掃除、洗濯、片付け、ゴミ捨てはもちろん朝昼晩、料理も作るって。

B: 仕事辞めようか考えたけど、家事よりも仕事をしている方が合ってるみたい。なので今までどおり、家事の分担をよろしくね！

A 일 그만두면 집안일 모두 직접 한다고 말했지?

B 그런 얘기도 있었지.

A 청소, 빨래, 정리, 쓰레기 버리는 일은 물론 아침 점심 저녁까지 만든다고.

B 일을 그만둘까 생각했는데 가사보다 일을 하는 게 맞는 것 같아. 그래서 지금대로 집안일 분담 잘 부탁해!

話がうますぎるよ
너무 좋은 얘기(조건)라 믿기지 않아

A: 見てこの広告。「簡単！在宅。月収30万円スタッフ募集」

B: **話がうますぎるよ。** むしろ怪しいし。

A: だよね。

B: うますぎる話ほど何かあるから気をつけないとね。

너무 좋기만 한 조건이나 빈틈없이 완벽한 이야기를 듣고 미심쩍을 때 쓰는 표현입니다.

A 봐 봐. 이 광고. '간단! 재택. 월수입 30만 엔 스태프 모집'.

B 너무 좋은 얘기인데. 오히려 수상해.

A 그렇지?

B 조건이 너무 좋을수록 뭔가 속셈이 있으니 조심해야 돼.

78 お恥ずかしい話ですが
부끄러운 얘기지만

남에게 말하기 부끄러운 이야기를 하려고 할 때 하는 말입니다.

A 君の息子は大学を卒業してどこに就職をしたのかね。

B お恥ずかしい話ですが、就職どころか毎日家でごろごろしていて…。

A やりたいことはないのかね。

B ユーチューバーになりたいらしくて。まったく何を考えているのやら。

A 자네 아들은 대학 졸업하고 어디에 취직을 했나?
B 부끄러운 얘기지만 취업은커녕 매일 집에서 빈둥거리고 있어서….
A 하고 싶어 하는 일은 없고?
B 유튜버가 되고 싶다는데. 도대체 뭔 생각을 하는 건지.

自慢じゃないけれど 79
자랑은 아니지만

A 今ダイエット3ヶ月目で、やっと3キロ落としたの。

B **自慢じゃないけれど**、私は半年で10キロ落としたことあるよ。

A 10キロも！？

B でもそれからリバウンドで15キロ太っちゃった。アハハ。

일부러 자랑하려는 건 아니지만 자신이 하려는 말이 자랑으로 들릴 수도 있을 때 미리 하는 말입니다.

A 지금 다이어트 3개월째인데 겨우 3킬로 뺐어.
B 자랑은 아니지만 나는 6개월에 10킬로 뺀 적이 있어.
A 10킬로나!?
B 근데 거기서 요요가 와서 다시 15킬로 찌고 말았어. 아하하.

80 この話はもうやめよう

이 얘기는 그만하자

이야기하던 내용이 유쾌하지 않은 주제이거나, 더 이상 하고 싶지 않은 이야기라 화제를 전환하려고 할 때 쓰는 말입니다.

A: 先週、新宿駅で人身事故の現場を目撃したんだ。

B: 線路へ飛び降り自殺をした事件か。どうだった？

A: それがあたり一面が血の海でさ…、**この話はもうやめよう**。思い出したら気分悪くなってきた。

B: そうだよな。目撃してない俺まで気持ち悪くなってきた。

A 지난주, 신주쿠역에서 인사 사고 현장을 목격했어.
B 선로로 투신자살한 사건? 어땠어?
A 그게 한쪽이 피바다가…, 이 얘기는 그만하자. 생각하면 기분이 안 좋아.
B 그렇지. 목격하지 않은 나까지 기분이 안 좋아졌어.

その話はなかったことにしてくれ 81
그 얘긴 없었던 걸로 해 줘

A: 本社に戻れるかと思うととても嬉しいな。

B: それがなぁ…。その話はなかったことにしてくれ。

A: 今回の仕事がうまくいけば本社に戻すと約束してくれたじゃないですか。

B: 留学へ行っていた社長の甥がそのポストにつくことになった。悪いな。

상황이 변해서 일전에 자신이 한 말이나 약속을 지킬 수 없을 때 전에 했던 말은 없었던 일로 하자는 말입니다.

A 본사로 돌아갈 걸 생각하니 너무 좋다.
B 그게 말이야…. 그 얘긴 없었던 걸로 해 줘.
A 이번 일이 잘되면 본사로 돌아갈 수 있다고 약속하셨잖아요?
B 유학 갔던 사장 조카가 그 자리로 오게 됐어. 미안하네.

82 話にならん
말도 안 돼, 말할 거리도 안 돼

학교도 졸업 안 한 딸이 결혼을 하겠다고 하거나, 아이가 수백만 원 하는 장난감을 사 달라고 하는 등 자신의 기준이나 형편에 있어 터무니없는 이야기를 들었을 때 말할 가치도 없고 말도 안 된다고 할 때 쓰는 표현입니다.

ならん은 ならない의 구어체로, 주로 나이 든 사람이나 권위적인 남자가 완강하게 거부하거나 인정하지 않을 때 사용합니다.

A 新しいパソコンがほしいんだよな。

B これはどう？

A 20万円だって。パソコンでそんなに出せないよ。話にならん。

B 仕方ないよ。最新の機能が搭載されているから。

A 새 컴퓨터 갖고 싶어.
B 이거 어때?
A 20만 엔이네. 컴퓨터에 그만큼 쓸 수 없어. 말도 안 돼.
B 어쩔 수 없어. 최신 기능이 탑재된 거라서.

何のこと? 83
무슨 얘기야?, 무슨 소리야?

A: そう言えば先月の飲み会代、まだお前の分もらってないよな。

B: **何のこと？** お前にあの時すぐ渡したじゃん。

A: もらってないよ。お前こそ一体何のこと言っているんだ？

B: おいおい、酔ってて覚えてないとは言わせないぞ。

상대방이 뭘 이야기하는지 모르겠을 때나 상대방의 말에 수긍하지 않고 반박할 때 사용합니다.

A 그러고 보니 지난달 회식비, 너 아직 안 줬지?
B 무슨 얘기야? 너한테 그때 바로 줬잖아.
A 안 받았어. 너야말로 도대체 무슨 얘기를 하는 거야?
B 이봐, 취해서 기억 안 난다고 말하는 건 아니겠지.

84 聞きたい？

듣고 싶어?

상대방이 궁금해하는 것을 알려 주기 전에 '듣고 싶어?, 궁금해?, 알려줄까?' 등의 의미로 살짝 뜸을 들이는 말입니다.

A: 女性に興味もなく勉強しか知らない山田君をどうやって誘ったの？

B: **聞きたい？**

A: うん。

B: 実は山田君が先に告白したの。私もかなり意外だったよ。

A 여자엔 관심도 없고 공부밖에 모르던 야마다를 어떻게 꼬신 거야?
B 듣고 싶어?
A 응.
B 실은 야마다가 먼저 고백했어. 나도 정말 의외였어.

聞かなかったことにしてくれ 85
안 들은 걸로 해 줘

A 大内先輩、業績が全然伸びないからリストラの対象なんだって。

B そんな！

A **聞かなかったことにしてくれ**。これは社内機密だからな。

B 俺も首切られないように頑張らなきゃ。

방금 한 말은 비밀이니 다른 사람에게는 말하지 말아 달라고 할 때 씁니다.

A 오우치 선배, 실적이 전혀 늘지 않아서 정리 해고 대상이래.
B 설마!
A 안 들은 걸로 해 줘. 이건 사내 기밀이니까.
B 나도 잘리지 않도록 열심히 해야겠어.

86 見なかったことにしよう
못 본 걸로 하자

잘산다고 한 친구가 마트에서 아르바이트하는 모습을 목격했을 때, 이웃집 남편의 불륜을 목격했을 때 등 불편한 상황이나 민감한 주제를 피하고 싶을 때 쓰는 말입니다.

A あそこにいるの、拓哉君じゃない？

B 本当だ。恵子の彼氏…。

A あれ、横で腕組んでる女性、誰だろう？

B 見なかったことにしよう…。

A そうだね…。

A 저기 있는 거 다쿠야 맞지?
B 맞네. 게코 남자 친구….
A 어? 옆에 팔짱 끼고 있는 여자 누구지?
B 우리 못 본 걸로 하자….
A 그래그래….

이유, 원인, 수단, 방법

Part 6

87 何でそんなこと言うの？

왜 그런 말 하는 거야?

상대가 굳이 안 해도 될 말을 하거나, 말을 함부로 해서 화가 나서 따지는 말입니다.

A 素敵なカフェね。

B でしょ？ここ昔元カノと来たことがあるんだ。

A 何でそんなこと言うの？今の彼女の前で、元カノとか言う必要がある？

B そうだね、ごめん。無神経だったね。

A 멋진 카페네.
B 그렇지? 여기 예전 여자 친구랑 온 적이 있어.
A 왜 그런 말 하는 거야? 지금 여자 친구 앞에서 예전 여자 친구 얘길 할 필요가 있어?
B 그래, 미안. 생각이 없었네.

何でそんなこと聞くの?

왜 그런 걸 물어?

88

A 明日のバレンタインデー、山田君にチョコあげないの?

B **何でそんなこと聞くの?**

A え、だって二人付き合ってるんでしょ?

B それは誤解で、ただの親しい友達だよ。

상대방이 갑자기 이상한 질문이나 의도를 알 수 없는 질문을 할 때 묻는 말입니다.

A 내일 발렌타인데이에 야마다한테 초콜릿 안 줄 거야?
B 왜 그런 걸 물어?
A 왜 묻긴, 둘이 사귀잖아?
B 그건 오해고, 그냥 친한 친구야.

89 何かあったの？
무슨 일 있었어?

상대방이 평소와 달리 조용하거나 기분이 안 좋아 보이거나, 사람들 사이의 분위기가 이상할 때 무슨 일이라도 있었는지 묻는 말입니다. 何かあったの？ 또는 何かあったの？ 둘 다 사용합니다.

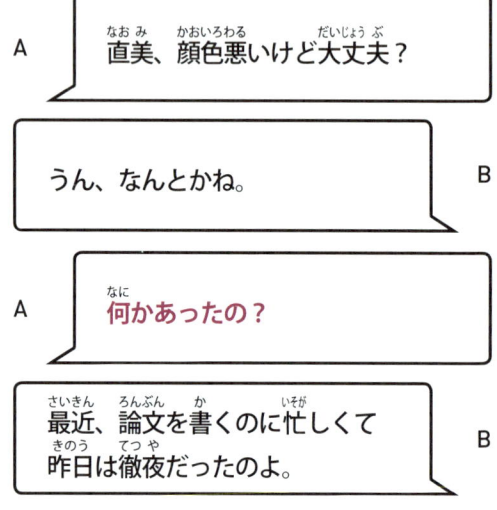

A 直美、顔色悪いけど大丈夫？

B うん、なんとかね。

A 何かあったの？

B 最近、論文を書くのに忙しくて昨日は徹夜だったのよ。

A 나오미, 안색이 안 좋은데 괜찮아?
B 응, 그냥 그래.
A 무슨 일 있었어?
B 최근에 논문을 쓰느라 바빠서 어제는 밤샜어.

何だと思う？ 90

뭐인 거 같아?

A: 君にプレゼントがあるよ。

B: どうしたの、急に？

A: **何だと思う？**

B: 誕生日でもないし、クリスマスでもないし。

A: 僕と結婚してください。

B: 婚約指輪…もちろんよ！

상대방이 궁금해하는 것이 무엇인지, 무슨 일인지 상대방에게 맞혀 보라고 할 때 사용합니다.

A 너한테 줄 선물이 있어.
B 무슨 일이야, 갑자기?
A 뭐인 거 같아?
B 생일도 아니고, 크리스마스도 아니고.
A 나랑 결혼해 줄래?
B 약혼 반지… 당연하지!

91 だから何なの？

그래서 뭐?

상대방이 하려는 말이 무엇인지 알 수 없거나, 상대방의 말이 자신의 기준으로는 이해할 수 없을 때 '그래서 뭐 어쨌다는 건데?, 그게 무슨 상관인데?' 등의 의미로 하는 말입니다.

A: その態度と口の聞き方は何だ。彼は君よりも10歳も年上なんだぞ。

B: **だから何なの？** 年齢って関係ある？

A: 年上にはもっと礼儀正しくと言っているんだ。

B: 面倒臭い文化だね。同じ人間なのに。

A 그 태도와 말투는 뭐야. 그는 너보다 10살이나 나이가 많아.

B 그래서 뭐? 나이가 무슨 상관인데?

A 윗사람에게는 예의를 갖추라고 하는 말이야.

B 귀찮은 문화네. 똑같은 사람끼리.

何とかしてよ 92

어떻게 좀 해 봐

A: 論文書いている途中でパソコンが急にフリーズしちゃったの。ちょっと見てくれる？

B: うーん、どうかな。原因がちょっと分からないけど。

A: 明日までに書かなきゃいけないのに。**何とかしてよ。**

B: これはちょっと専門家呼ばないと直せないかな。

문제되거나 처리해야 할 무엇을 상대방에게 어떻게든 해결해 보라고 할 때 하는 말입니다.

A 논문 쓰다가 갑자기 컴퓨터가 멈춰 버렸어. 좀 봐 줄래?
B 음, 글쎄. 원인을 잘 모르겠는데.
A 내일까지 쓰지 않으면 안 되는데. 어떻게 좀 해 봐.
B 이건 전문가를 부르지 않으면 못 고칠 것 같은데.

93 何(なん)とかなるよ
어떻게든 될 거야

상대방 또는 자신의 힘든 상황이나 문제가 잘 해결될 것이라며 격려하는 말입니다.

A: 明日出すレポートなんだけどすっかり忘れてた。どうしよう。

B: まじか。だったら俺が手伝ってやる。

A: 調べなきゃいけないこともあるし、やること多いけど一日でできるかな。

B: **何とかなるよ。**俺がいるじゃん。

A 내일 제출하는 리포트인데 완전 잊고 있었어. 어떡하지.
B 정말? 그럼 내가 도와줄게.
A 조사도 해야 하고 할 일이 많은데 하루만에 다할 수 있을까?
B 어떻게든 될 거야. 내가 있잖아.

そこを何とか

어떻게 좀 안 될까?

A 親が近くまで来たついでにうちに寄るって連絡来たけどいい？

B うん。それなら夕食でもどこか食べに行こうか。

A それが家で食べたいって言うんだ。

B 今からだなんて時間も材料もないし、ろくなもんができないよ。

A **そこを何とか。**俺も手伝うからさ。

상대방에게 무엇을 부탁했는데 어떤 이유 때문에 안 된다고 말할 경우 그 부분을 어떻게라도 해결해서 들어줄 수 없을지 다시 한 번 부탁하는 말입니다.

A 부모님이 가까이 온 김에 집에 들른다고 하는데 괜찮아?
B 응. 그럼 어디 저녁이라도 먹으러 갈까?
A 근데 집에서 먹고 싶다고 하시는데.
B 지금부터 하려면 시간도 재료도 없고, 변변한 거 못 만들어.
A 어떻게 좀 안 될까? 나도 도울게.

95 どうしてもダメ？
어떻게 해서도 안 돼?

상대방이 나의 부탁이나 제안을 거절할 때 어떻게 부탁을 들어주거나 제안을 받아들일 방법이 없을지 다시 묻는 말입니다.

A 嵐のコンサートチケット、やっと手に入れたんだ。

B 本当？ねぇ、その5倍金額出すから譲ってくれないかな？

A だめよ。どれだけ人が苦労して手に入れたと思ってるの？

B だったら10倍払うから。どうしてもダメ？

A 아라시 콘서트 표 간신히 구했다.
B 정말? 저기, 그 5배 줄 테니까 나한테 넘기면 안 돼?
A 안 되지. 얼마나 고생해서 손에 넣은 건 줄 알아?
B 그럼 10배 줄게. 어떻게 해서도 안 돼?

何でもするから

뭐라도 할게

A: 明美ちゃん、許してよ。俺が悪かったから。

B: 私に内緒で友達とUSJ行ったなんてひどい！私も行きたかったのに…。

A: もう機嫌直してよ。**何でもするから**。

B: じゃあ、週末私と行って！

상대방이 내 부탁을 들어 주거나 내 말대로 해 준다면 무슨 일이라도 하겠다고 하는 말입니다.

A 아케미, 용서해 줘. 내가 잘못했어.
B 나 몰래 친구들과 유니버설 스튜디오에 갔다니 너무해! 나도 가고 싶었는데….
A 그만 기분 풀어. 뭐라도 할게.
B 그럼 주말에 나랑 가!

97 今度は何だ?
이번엔 또 뭐야?

어떤 용무로 연락을 하거나 찾아왔던 사람이 또 다시 연락하거나 찾아왔을 때 이번엔 무슨 일인지 묻는 말입니다.

A: パパ、お願いが一つあるんだけど。

B: **今度は何だ？** お前から電話がある時はいつもお願いがある時だな。

A: 私のノートパソコン、古い型だから速度も遅いし重いのよ。

B: そうか。ほしいノートパソコンでもあるのか。

A 아빠, 부탁이 하나 있는데.
B 이번엔 또 뭐야? 너한테서 전화가 올 때는 항상 부탁이 있을 때구나.
A 내 노트북 구형이라 속도도 느리고 무거워서 말이야.
B 그렇구나. 갖고 싶은 노트북이라도 있어?

何かいいことあったの？

뭐 좋은 일이라도 있어?

A: 今日はいつもと何か雰囲気が違うけど、どうしたの？**何かいいことあったの？**

B: 彼が海外出張から3ヶ月ぶりに戻ってこれから会うの。

A: だからか。嬉しいオーラが出てる。

B: そうかな？

기쁘거나 행복해 보이는 상대방에게 어떤 좋은 일이라도 있었는지 묻는 말로, 何か와 何か 둘 다 사용합니다. '何かいいことでもあったの？'라고 해도 됩니다.

A 오늘 평소랑 분위기가 다른데, 무슨 일이야? 뭐 좋은 일이라도 있어?
B 남자 친구가 해외 출장에서 3개월만에 돌아와서 이따가 만나거든.
A 그래서구나. 기쁨의 아우라가 뿜어 나오네.
B 그런가?

99 何か面白いことない？

뭐 재미있는 일 없어?

상대방에게나 또는 주위에 뭔가 재미있는 일이 없는지 묻는 말로, 何か와 何か 둘 다 사용합니다.

A 何か面白いことない？

B 最近、料理教室に通いはじめたんだ。

A 楽しそうだな。

B みんな仲良くて授業の後にカラオケ行ったり、食事に行ったりしてるんだ。

A 뭐 재미있는 일 없어?
B 최근에 요리 교실 다니기 시작했어.
A 재밌겠네.
B 모두 사이가 좋아서 수업 후에 노래방에 가거나 밥 먹으러 가곤 해.

どうするつもり？ 100

어쩔 셈이야?

A: 彼女と別れたんだって？

B: ああ…。

A: これから**どうするつもり**だ？

B: どうするつもりって、また新しい彼女を作ればいいでしょ。

아직 학생인데 여자 친구를 임신시킨 사람, 취직은 안 하고 계속 놀고만 있는 사람, 이렇게 어떤 문제에 봉착하거나 앞으로의 거취가 어떻게 될지 궁금한 사람에게 앞으로의 계획을 묻는 말입니다.

A 여자친구랑 헤어졌다면서?
B 아….
A 이제 어쩔 셈이야?
B 어쩔 셈이긴. 다시 새 여자 친구를 만들면 되죠.

101 どういうつもり？
무슨 생각으로 그런 거야?

잘못을 저지르거나 사고를 친 상대방에게 도대체 무슨 생각으로 그런 일을 벌인 것인지 묻는 말입니다.

A 部長と不倫してるって本当？

B お願い！職場では絶対秘密にしておいて。

A **どういうつもり？** 不倫はだめだとあれだけ止めたのに。

B それが一言では言えない複雑な事情があって…。

A 부장님과 불륜이라는데 사실이니?
B 부탁이야! 직장에서는 절대 비밀로 해 줘.
A 무슨 생각으로 그런 거야? 불륜은 안 된다고 그렇게 말렸잖아.
B 그게 한마디로는 설명할 수 없는 복잡한 사정이 있어서….

どういうことなの？

어찌 된 일이야?

A: お母さんはもうこの家を出ていくわ。

B: ちょっと！**どういうことなの？** 急に。

A: お父さんの性格にはこれ以上付き合えないわ。

B: 待って、ちゃんと説明してよ。俺が相談にのるからどうか考え直して。

까닭을 알 수 없는 상황을 보고 어떻게 된 일인지 묻는 말입니다.

A 엄마는 이제 이 집을 나갈 거야.
B 잠깐만요! 어찌 된 일이야? 갑자기.
A 아빠의 성격에 더 이상 맞춰 살 수가 없어.
B 잠깐만요, 제대로 설명해 봐요. 내가 들어줄 테니 제발 다시 생각하고.

103 自分はどうなんだよ

너 자신은 어떻고?

자신은 제대로 하지 못하면서 남에게 충고하는 사람에게 되묻는 말입니다.

A 彼女いい子なんだから泣かすなよ。

B **自分はどうなんだよ。**

A 泣かしてないぞ。

B 隠れて浮気してるくせに。

A だから悲しませてはいないだろう。

A 여자 친구 좋은 애니까 울리지 마.
B 너는 어떻고?
A 나는 울리지 않아.
B 몰래 바람피우는 주제에.
A 그래서 슬프게 하지는 않잖아.

どうでもいいよ
아무래도 상관없어

A: 大変！ジャニーズのアイドルが一般女性と結婚だって。

B: うっそー、信じらんない！

C: 何が信じられないの？**どうでもいいよ**。それより、来年から消費税が上がりそうでそっちが心配だわ。

B: それはそれで、そうなってから考えたらいいじゃん。

어떤 일이 나와는 아무 상관도 없고 관심도 없다고 할 때 하는 말입니다.

A 큰일 났어! 자니스의 아이돌이 일반 여성이랑 결혼한대.
B 어머머, 충격적이네!
C 뭐가 이렇게 난리야? 아무래도 상관없어. 그것보다 내년부터 소비세가 오를 것 같아 그게 걱정이야.
B 그건 그대로 그렇게 되고 나서 생각하면 되잖아.

이해, 인지, 생각, 기억

Part 7

何それ、意味分かんない 105

뭐야 그게, 영문을 모르겠네

A 松下君は今彼女いないの？

B うん。俺は彼女を作らない主義なの。

A 何それ、意味分かんない。

B 彼女という一人にしぼりたくないんだ。

A 要は不特定多数の女性と遊びたいということね。

상대방이 하는 말의 의도나 까닭을 알 수 없을 때 답답함을 표현하는 말입니다. '分かんない'는 '分からない'의 구어체이고, '意味分かんない'와 비슷한 말로는 '訳分かんない'가 있습니다.

A 마츠시타는 지금 여자 친구 없어?
B 응. 나는 여자 친구를 만들지 않는 주의야.
A 뭐야 그게, 영문을 모르겠네.
B 여자 친구라는 한 사람한테 얽매이고 싶지 않거든.
A 그러니까 불특정 다수의 여성과 놀고 싶다는 거네.

106 分かってるよ
알고 있어, 이해했어

이미 잘 알고 있는 사실을 상대방이 재차 언급할 때 말하지 않아도 안다는 뜻으로 하는 말입니다.

A 向こうへ着いたら電話するんだよ。

B うん。

A 変な人について行っちゃだめだからね。

B **分かってるわよ。** 自分の嫁を一体いくつだと思ってるの？

A 거기 도착하면 전화해.
B 응.
A 이상한 사람 따라가면 안 돼.
B 알고 있어. 자기 와이프를 도대체 몇 살이라고 생각하는 거야?

私には分かからんなぁ
나는 이해 못하겠네

A 千尋ちゃんの彼氏って有名なモデルなんだよ。

B 知らなかった。

A かっこよくて人気があって、あんな彼氏いいな。

B **私には分からんなぁ。**彼氏が有名だとデートの時、いろいろと面倒じゃない？

상대방의 말에 대해 나 자신은 공감하지 못하겠다는 뜻으로 하는 말입니다. 分からん은 分からない의 구어체로, 나이 든 사람이나 남자가 많이 씁니다.

A 치히로 남자 친구 유명한 모델이야.
B 몰랐어.
A 멋있고 인기도 있고, 그런 남자 친구 있으면 좋겠다.
B 나는 이해 못하겠어. 남자 친구가 유명하면 데이트할 때 여러 가지로 힘들지 않아?

108 いずれ分かるよ
조만간 알게 될 거야

いずれ는 '머지않아'란 뜻으로, 어떤 사실에 대해 조금만 더 시간이 지나면 저절로 알게 될 것이라고 하는 말입니다.

A: 毎日英語のドラマを見ているだけで本当に英語が話せるようになるかな。

B: しっかり聞いていれば耳が音に慣れてきて、そのうち話せるよ。

A: 本当かな。それを続けて6ヶ月になるけど。

B: **いずれ分かるよ。**俺も1年間ぐらい続けてそうなったから。

A 매일 영어 드라마를 보는 것만으로도 정말 영어를 잘하게 될까?

B 열심히 들으면 귀가 소리에 익숙해져서 머지않아 말할 수 있어.

A 정말 그럴까? 그거 계속한 지 6개월이 되는데.

B 조만간 알게 될 거야. 나도 1년 정도 계속하다가 그렇게 된 거야.

ある意味 109
어떤 의미에서는, 어떻게 보면

A 今飼っているフレンチブルドッグの写真なんだ。

B アハハ。かわいい表情してるね。

A でしょ？この不細工さが**ある意味**かわいいんだよね。

B 分かる～、ブサカワのペットって癒されるよね。

무엇에 대해 일반적인 관점과 달리 또 다른 관점으로 생각하거나 또 다른 시각으로 보면, 다르게 생각되거나 다르게 보일 수도 있다고 할 때 쓰는 말입니다.

A 지금 키우는 프렌치 불독의 사진이야.
B 아하하. 귀여운 표정 하고 있네.
A 그렇지? 이 못생긴 게 어떻게 보면 귀엽단 말이야.
B 맞아~. 못생기고 귀여운 애완동물은 힐링이 되지.

110 考えすぎだよ
지나친 생각이야

상대방이 어떤 사실의 단편적인 면만 보고 성급하게 단정 지어 생각할 때 그렇지 않을 것이라고 하는 말입니다.

A: 旦那のワイシャツに赤い口紅が付いていたの。

B: 何ですって？

A: しかも胸元に。もしや女性と何か…。

B: **考えすぎだよ。**きっと通勤電車の中で付いてしまっただけだよ。

A 남편 와이셔츠에 빨간 립스틱이 묻어 있었어.
B 뭐라고?
A 그것도 가슴 부분에. 혹시 다른 여자랑 뭔가….
B 지나친 생각이야. 분명 통근 열차 안에서 묻었을 거야.

考え直してよ 111
다시 생각해 봐

A: 俺、大学やめてバンドをやろうと思ってるんだ。

B: 卒業してからやればいいでしょ。**考え直してよ。**

A: それじゃあ遅いし、もう決めたんだ。

B: お母さんは反対よ！大学だけはちゃんと卒業しなさい。

상대방이 그릇된 판단이나 결정을 할 때 다시 생각할 것을 촉구하는 말입니다. 直す는 동사의 연용형 뒤에 붙어서 '다시 ~하다'란 뜻이 되게 합니다.

A 나 대학 그만두고 밴드 하려고 해.
B 졸업하고 나서 하면 되잖아. 다시 생각해 봐.
A 그러면 늦고 이미 결정했어.
B 엄마는 반대야! 대학만은 제대로 졸업해.

112 考えさせてください
생각 좀 하게 해 주세요

상대방으로부터 받은 제안이나 부탁 등에 대해 생각할 시간을 달라고 할 때 쓰는 말입니다. 앞에 'ちょっと'나 'もう少し'를 붙여서 'ちょっと考えさせてください' 또는 'もう少し考えさせてください'라고 하기도 합니다.

A: 弊社の製品はご覧のように今取引されている業者よりも単価がもっと低く品質も優れています。

B: 確かにそうですね。

A: 今後は弊社と取引するのはいかがですか。

B: ちょっと**考えさせてください**。一度上の者と相談してから連絡します。

A 저희 제품은 보시는 바와 같이 지금 거래하시는 업체보다 단가는 낮고 품질은 더 우수합니다.
B 정말 그렇군요.
A 앞으로 저희 회사와 거래를 해 보시는 게 어떻습니까?
B 생각 좀 하게 해 주세요. 한번 윗사람과 논의하고 연락드리겠습니다.

そう言うと思った 113

그렇게 말할 줄 알았어

A わー、外見て。今年初めての雪が降っているね。

B 綺麗だね。

A 外に出てみようか。

B それは無理。寒いじゃない。

A **そう言うと思った**。ロマンチックさのかけらもないな。

상대방의 평소 성향대로 그 사람다운 말을 했을 때 그렇게 말할 줄 알았다고 하는 표현입니다.

A 와, 밖에 봐 봐. 올해 첫눈이 내려.
B 예쁘다.
A 밖에 나가 볼래?
B 그건 무리. 춥잖아.
A 그렇게 말할 줄 알았어. 낭만이라곤 하나도 없지.

114 だと思った
그럴 줄 알았어

상대방의 말이 내가 짐작한 내용이었을 때 하는 말입니다.

A: 元気ないけど、どうしたの？

B: とうとう彼氏と別れたの。

A: **だと思った**。彼女に暴力振るう彼氏なんてうまくいくわけがないよ。

B: 怒る時以外ではとっても優しくて大好きだったのに。

A 기운이 없어 보이는데 왜 그래?
B 결국 남자 친구와 헤어졌어.
A 그럴 줄 알았어. 여자한테 폭력을 쓰는 남자와 잘될 리가 없어.
B 화났을 때 아니면 엄청 다정하고 아주 좋아했는데.

分(わ)かってないなあ 115
너 정말 둔하구나, 너 정말 눈치 없다

A: 有吉君(ありよしくん)って私(わたし)に意地悪(いじわる)するの。私(わたし)のことすぐからかうし。

B: **分(わ)かってないなあ。**

A: 何(なに)が？

B: お前(まえ)のこと、好(す)きなんだよ。

다른 사람의 의도나 속마음을 파악하지 못하는 눈치 없는 사람에게 하는 말입니다.

A 아리요시가 나를 괴롭혀. 자주 놀리고.
B 너 정말 눈치 없다.
A 뭐가?
B 널 좋아하는 거야.

116 ばれたか
눈치챘구나, 들켰구나

ばれた는 ばれる(들키다, 들통나다)의 과거형으로, 비밀로 하려고 했던 일이나 내 마음이 들킨 사실을 알고 하는 말입니다.

A 里美って南君のこと好きでしょ？

B 何で分かったの？

A だって南君と話している時、とっても楽しそうだから。

B **ばれたか**。隠していたつもりだったのに…。

A 사토미, 미나미 좋아하지?
B 어떻게 알았어?
A 왜냐하면 미나미와 얘기할 때 아주 즐거워 보이니까.
B 눈치챘구나. 숨기고 있었는데.

おかしいと思った 117

이상하다고 생각했어

A: 何で彩と付き合ってるの？

B: 性格は悪くはないし、俺のこと大好きで、何でもおごってくれるから。

A: そういう理由があったか。**おかしいと思った**。お前の好きなタイプじゃないからさ。

B: やっぱり変だと思ったか。

예사롭지 않다고 생각한 일의 사유나 사정을 알게 되었을 때 하는 말입니다.

A 왜 아야랑 사귀는 거야?
B 성격 나쁘지 않고, 날 아주 좋아하고, 뭐든 다 사 주니까.
A 그런 이유가 있었구나. 이상하다고 생각했어. 네가 좋아하는 타입이 아니어서.
B 역시 이상하다고 생각했구나.

118 分かってくれよ
이해 좀 해 줘

상대방에게 나도 사정이 있어서 그런 거니 내 상황을 이해해 달라고 할 때 쓰는 말입니다. 상대방에게 제3자의 사정을 이해해 주라고 할 때는 '分かってやれよ(이해 좀 해 줘라)'라고 합니다.

A 週末、ゴルフの接待なんだ。

B また？約束したディズニーランドはいつ行くの？

A 今度行けばいいだろう。昇進するためには週末の接待も必要なんだよ。分かってくれよ。

B いつもそう言って私達の予定を延ばすのよね。

A 주말에 골프 접대가 있어.
B 또? 약속한 디즈니랜드는 언제 가?
A 다음에 가면 되지. 승진하려면 주말 접대도 필요하단 말이야. 이해 좀 해 줘.
B 항상 그렇게 말하면서 우리 일은 나중으로 미루지.

ねね、知ってる？ 119

있잖아, 그거 알아?

A: ねね、知ってる？

B: なになにぃ～？

A: 心理学の記事なんだけど、初対面で「怖い」と思った人とは大恋愛になるらしいよ。そんなジンクスがあるんだって。

B: 怖いと思った相手か！？うちの担任？うわー、それはないない。私には当てはまらないわ。

새로운 정보나 소문 등 어떤 이야기를 하기 전 상대방의 주의를 환기시키는 말입니다.

A 있잖아, 그거 알아?
B 뭔데?
A 심리학 기사인데, 첫 대면에서 '무섭다'고 생각한 사람과는 큰 연애가 될 거래. 그런 징크스가 있대.
B 무섭다고 생각한 상대!? 우리 담임 선생님? 오, 그건 아니다. 나한텐 해당 안 되네.

120 知るかよ
내가 어떻게 알아

내가 알 리가 없는 내용이나 내가 무관심한 주제에 관해 묻는 상대방에게 '내가 어떻게 알아', '알 게 뭐야' 등의 의미로 하는 말입니다.

A: 最近芸能人の不倫ニュースが多いな。

B: やたらめったらテレビで出るな。

A: だけど綺麗な女優と結婚しておきながら浮気する旦那の心理って何だろうな。

B: **知るかよ**。女優と結婚どころか俺たち独身だから分かるわけないわ。

A 요즘 연예인 불륜 소식이 많네.
B 텔레비전에 엄청 나오더라.
A 근데 예쁜 여배우와 결혼하고도 바람 피우는 남편의 심리는 뭘까?
B 내가 어떻게 알아. 여배우와 결혼은커녕 우리 같은 총각이 알 수가 있나.

知らないからね 121
나는 모르는 일이니까

A: 夏休みの宿題はやったの？

B: あと三日あるから大丈夫だよ。

A: 三日間で全部できるわけないじゃない。後でできないと泣いても手伝わないわよ。**知らないからね**。

B: 分かったよ。今からやるよ。

상대방이 내 말을 듣지 않자, 나중에 일이 그릇되더라도 그때 가서 나에게 책임을 묻지 마라는 뜻으로 하는 말입니다.

A 여름 방학 숙제 다했니?

B 아직 3일 남았으니까 괜찮아요.

A 3일만에 다 못하잖아. 나중에 못한다고 울어도 안 도와준다. 나는 모르는 일이니까.

B 알겠어요. 지금부터 할게요.

122 そこまでは知らないよ

거기까지는 몰라

어떤 상황이나 주제에 관한 세부적인 질문에 대해 자세한 내용이나 속사정까지는 모른다는 뜻으로 하는 말입니다.

A: 香織、彼氏との間に子供できたけど認知せず一人で育てるんだって。

B: 未婚のシングルマザーってこと？何で？

A: **そこまでは知らないよ。**

B: そんな大変な道を何で選んだんだろう…。

A 가오리가 남자 친구 사이에 애가 생겼는데, 혼인 신고 안 하고 혼자 키운다네.
B 미혼모가 되겠다는 거야? 왜?
A 거기까지는 몰라.
B 왜 그런 힘든 길을 선택한 걸까….

そうかも知れないね 123
그럴지도 모르겠네

A: 週末、登山に行くの、美智子も誘ってみたら？

B: 一緒に行くかな？

A: 久志も行くと言ったら、彼女も行くって言うよ。

B: **そうかも知れないね。**久志と親しくなりたいと言ってたから。

상대방의 말에 대해 확신은 없지만 그럴 가능성은 있겠다고 동조하는 말입니다.

A 주말에 등산 가는 거 미치코한테도 말해 보지?
B 같이 갈까?
A 히사시도 간다고 하면 걔도 간다고 할 걸.
B 그럴지도 모르겠네. 히사시랑 친해지고 싶다고 했었으니까.

124 信じらんない！
말도 안 돼!, 믿을 수 없어!

'信じられない'를 강하게 말한 구어체로, 상식적으로 이해할 수 없는 다른 사람의 어이없는 행동이나 믿고 싶지 않은 황당한 일에 대해 쓰는 말입니다.

A あれ、ちょっとセーターの下のところ、小さい穴が空いてるよ。

B やだー、信じらんない！昨日買ったばかりの新しい服なのに。

A そうなの？だったらすぐに返品しなよ。

B でもすでにタグを取っちゃったからもうだめだと思う。悔しい～。

A 저기, 스웨터 아래쪽에 작은 구멍이 있어.
B 어머나, 말도 안 돼! 어제 산 새 옷인데.
A 그래? 그럼 얼른 반품해.
B 근데 이미 태그를 떼서 안 될 것 같아. 억울해~.

勘違いするなよ 125

착각하지 마

A: 真奈美ちゃんからバレンタインのチョコもらったんだ。俺に気があるなんて知らなかったな。

B: それ義理チョコだよ。**勘違いするなよ。**

A: ならお前ももらったのか。

B: 当たり前だよ。みんなもらったよ。

혼자 착각해서 망상하는 사람에게 현실을 깨우치게 하려고 하는 말입니다.

- - - - - - - - - - -

A 마나미한테서 발렌타인 초콜릿 받았어. 나한테 마음이 있는지는 몰랐네.
B 그거 의리 초콜릿이야. 착각하지 마.
A 그럼 너도 받은 거야?
B 당연하지. 우리 다 받았어.

126 覚えといてね
기억해 둬

상대방이 알아 둬야 할 중요한 사실을 말하거나, 상기시켜 주고 싶은 말을 할 때 하는 말입니다. 覚えといて는 覚えておいて의 준말입니다.

A 林君って背が高くてかっこいいよね。頭もいいし、スポーツもできるし。

B うんうん。

A いいな～、あんな男性と付き合ってみたい。

B 覚えといてね。私の彼氏ということを！

A 하야시는 키가 크고 멋있네. 머리도 좋고, 스포츠도 잘하고.
B 맞아.
A 좋겠다～. 저런 남자랑 사귀어 보고 싶다.
B 기억해 둬. 내 남자 친구라는 걸!

あやうく忘れるところだった
하마터면 잊을 뻔했어

A 来週のデートはどこ行こうか。

B 来週かぁ…。そう言えば友達と釣りに行く約束があったんだ。

A あら、そうだったの？

B **あやうく忘れるところだった。** デートはその次にしよう。

여기서 あやうく는 '하마터면', ところ는 '~할 참'이란 뜻으로, 깜박 잊고 있던 할 일이나 약속이 마침 생각났을 때 하는 말입니다.

A 다음 주 데이트 어디 갈까?
B 다음 주…. 그러고 보니 친구랑 낚시 갈 약속이 있었어.
A 어머, 그랬어?
B 하마터면 잊을 뻔했네. 데이트는 그 다음에 하자.

신경, 기분, 의도

Part 8

気が利くなあ 128
센스 있네

A: チーム長、残業お疲れ様です。よかったらこれどうぞ。差し入れです。

B: 叙々苑の焼肉弁当じゃないか。

A: 夕飯まだでしたよね。スタミナも尽くし、これでお仕事頑張ってください。

B: **気が利くなあ**。ありがとう。

気が利く는 '세심한 데까지 생각이 잘 미친다'란 뜻으로, 상대방이 내게 필요한 것이나 어떤 상황에서 필요한 것을 알아서 파악해서 절묘하게 준비했을 때 칭찬하는 말입니다. 주로 아랫사람에게 사용합니다.

A 팀장님, 야근 수고하셨습니다. 괜찮으시면 이거 드세요. 간식입니다.
B 조조엔의 불고기 도시락이잖아.
A 저녁 아직 못 드셨죠? 스태미나에도 좋고, 이걸로 힘내세요.
B 센스 있네. 고마워.

129 いいの。気にしないで

괜찮아. 신경 쓰지 마

気にする는 '신경 쓰다', '염려하다'란 뜻으로, 어떤 일에 대해 미안해하거나 신경 쓰는 상대방에게 괜찮으니까 신경 쓰지 말라고 하는 말입니다.

A: ごめん、いつも食事をおごってもらっちゃって。

B: **いいの。気にしないで。** アルバイトの生活きついでしょ。

A: 早く正社員になれるよう頑張るよ。

B: その時は豪華な食事をおごってもらうわ。

A 미안, 맨날 얻어먹기만 하고.
B 괜찮아. 신경 쓰지 마. 아르바이트 힘들지?
A 빨리 정사원이 되도록 열심히 할게.
B 그때는 비싼 음식 얻어먹을 거야.

気にしないでって言われたって気になるよ

신경 쓰지 말라고 해도 신경이 쓰여

A: 朝倉君の誕生日は12月13日だよね。

B: 何で知ってるの？

A: うふふ。ちょっとね。そのうち分かると思うから気にしないで。

B: **気にしないでって言われたって気になるよ。** もしや俺に気があるとか。告白でもされるのかな。

気になる는 '신경이 쓰이다', '마음에 걸리다'란 뜻으로, 상대방이 신경 쓰지 말라고 하지만, 신경이 쓰일 수밖에 없는 일에 대해 하는 말입니다. 혼잣말로 쓰는 경우도 많습니다.

A 아사쿠라 생일이 12월 13일이지?
B 어떻게 알았어?
A 흐흐. 그런게 있어. 조만간에 알게 될 거니까 신경 쓰지 마.
B 신경 쓰지 말라고 해도 신경이 쓰여. 혹시 나한테 마음이라도? 고백이라도 받는 건가?

131 分かるような気がする
왠지 알 것 같아

気がする는 '어떤 생각이나 느낌이 들다'란 뜻으로, 상황이나 분위기, 어떤 사람의 성향 등으로 봐서 어떤 일의 이유를 추측할 수 있을 것 같다고 하는 말입니다.

A 今まで付き合ってきた彼氏はみんな年下だったんだよね。

B 分かるような気がする。

A そう？

B だって、美穂は頼もしいから。甘えん坊な年下タイプから好かれるでしょう。

A 지금까지 사귄 남자 친구들은 모두 연하였어.
B 왠지 알 것 같아.
A 그래?
B 그럴 것이 미호는 의지가 되잖아. 응석받이 연하가 좋아할 것 같아.

気楽な奴だな 132
속 편하게 사네

A: これからカラオケに行くけどお前も一緒に行かない？

B: **気楽な奴だな。**三日後に期末試験があるんだぞ。遊んでる場合か。

A: 俺は遊ぶときは遊んで勉強するときは勉強するタイプなんだ。

B: だから今はその勉強の時期じゃないのかって言ってんだ。

気楽는 '마음 편함', '속 편함'이란 뜻으로, 태평하게 있을 상황이 아닌데 걱정 없이 마음 편하게 있는 사람에게 하는 말입니다. 비슷한 말로는 'のんきだな(무사태평이네)'라고 할 수도 있습니다.

A 지금 노래방 가는데 너도 같이 안 갈래?
B 속 편하게 사네. 3일 후 기말시험이야. 놀고 있을 때야?
A 나는 놀 때는 놀고 공부할 때는 공부하는 타입이야.
B 그래서 지금은 그 공부할 시기가 아니고?

133 そんな気分じゃないんだ
그럴 기분이 아니야

언짢거나 안 좋은 일이 있어서 상대방의 권유를 거절할 때 하는 말입니다.

A 今夜はみんなでカラオケに行くけど一緒にどう？

B 今日はやめておくよ。

A 何かあったのか。

B ビットコインで大損してしまって。そんな気分じゃないんだ。

A 오늘 밤 모두 노래방 가는데 같이 갈래?
B 오늘은 빠질게.
A 무슨 일이라도 있어?
B 비트코인으로 돈을 많이 잃어서 그럴 기분이 아니야.

まさか本気にするなんて 134
설마 진심으로 받아들일 줄이야

A 今ちょっと問題があるの。

B どうしたの？

A 実は軽い気持ちで浮気したら相手からまじめに好きだと言われて。**まさか本気にするなんて。**

B 彼氏にばれる前になんとか別れなよ！

本気는 '진지한 마음'이란 뜻으로, 건성으로 한 말이나 행동을 상대방이 진심으로 받아들여 곤란한 상황이 되었을 때 하는 말입니다.

A 지금 문제가 좀 있어.
B 무슨 일인데?
A 실은 가볍게 생각하고 바람을 피웠는데, 상대방이 진지하게 좋아한다고 해서. 설마 진심으로 받아들일 줄이야.
B 남자 친구에게 들키기 전에 어떻게든 헤어져!

135 悪気はなかったんだ
나쁜 뜻은 없었어

悪気는 '나쁜 뜻(의도)'이란 뜻으로, 내가 한 말이나 행동을 상대방이 언짢게 받아들였을 때 일부러 기분 나쁘게 하려고 한 말이나 행동은 아니었다고 해명하는 말입니다.

A: フラペチーノを飲みたいけど、太りたくないからアイスコーヒーでいいや。

B: 太りたくないって、太っている私を目の前にして言う？

A: ごめん。悪気はなかったんだ。そんなつもりで言ったんじゃないの。

B: 私こそフラペチーノはやめてアイスコーヒーにしなきゃな。

A 프라푸치노를 마시고 싶지만, 살찌면 안 되니까 아이스 커피로 할래.
B 살찌고 싶지 않다니, 뚱뚱한 나를 앞에 두고 할 소리니?
A 미안. 나쁜 뜻은 없었어. 그런 의도로 한 말이 아니야.
B 나야말로 프라푸치노 말고 아이스 커피로 해야겠네.

悪かったわね 136
미안하게 됐네

A: ここの公園、デートスポットで有名なんだって。

B: 分かる。広くて自然が多いし私も気に入ったわ。

A: ちなみに、若い子達に人気なんだって。

B: **悪かったわね**。私は若くない年齢で。

悪い는 '나쁘다'란 뜻 외에 '미안하다'란 의미로도 많이 쓰는데, 悪かったわね는 상대방의 희망이나 기대에 미치지 못하는 현재의 상황이 내 탓이란 식으로 비꼬아서 하는 말입니다.

A 여기 공원, 데이트 장소로 유명하대.
B 그런 것 같네. 넓고 초록이 무성하고 나도 맘에 들어.
A 참고로, 젊은 애들에게 인기래.
B 미안하게 됐네. 나는 젊지 않은 나이라.

느낌, 판단, 결정, 선택

Part 9

変なのー 137
이상하다

A: デザートにフルーツでも食べる？

B: いや、私、フルーツは一切食べなくて。

A: 本当？全部のフルーツがだめなの？変なのー。そういう人初めて見たわ。

B: うん、よくそう言われる。

変は '평범하지 않고 이상하거나 특이함'이란 뜻으로, 상식적으로 이해할 수 없는 이상한 상황이나 일반적이지 않은 특이한 사람을 가리켜 사용합니다.

A 후식으로 과일이라도 먹을래?
B 아니, 나 과일은 전부 안 먹어.
A 정말? 모든 과일을 안 먹어? 이상하다. 그런 사람 처음 봤어.
B 응, 자주 그런 말 들어.

138 だっておかしいじゃない
그게 이상하잖아

어떤 일에 대해 근거를 대며 일반적이지 않고 수상하다고 의심하는 말입니다.

A あそこにいる男性、あなたのご主人じゃない？

B 本当だ。隣に女性がいる。何か変だな…。

A 何が変なの？

B **だっておかしいじゃない**。今日は出張と言っていたのにこんなところで女性といるなんて。

A 저기에 있는 남자, 자기 남편 아니야?
B 정말이네. 옆에 여자가 있어. 뭔가 이상한데….
A 뭐가 이상한데?
B 그게 이상하잖아. 오늘은 출장이라고 했는데 이런 곳에 여자랑 있다니.

だってそういうもんでしょう
그게 원래 그런 거잖아

A 宝くじを30枚買ったんだ。

B どうだった？

A それが3千円当たっただけだよ。なかなかうまくいかないもんだな。

B **だってそういうもんでしょう。** そんな簡単に当たるものじゃないよ。

카지노에서 돈을 따는 사람보다 잃는 사람이 더 많다거나, 열심히 공부하고 노력한 사람이 더 성공한다거나, 이런 세상의 이치는 너무나 당연한 일이기 때문에 이것 때문에 아쉬워하거나 안타까워할 필요는 없다는 말입니다.

A 복권을 30장 샀어.
B 어떻게 됐어?
A 그게 3천 엔밖에 당첨되지 않았어. 좀처럼 잘 안 되네.
B 그게 원래 그런 거잖아. 그렇게 쉽게 당첨되는 게 아니지.

140 そんなもんだよ
원래 다 그런 거야

청순가련 이미지의 여배우가 갑자기 재벌과 결혼하며 은퇴한다든지, 비리를 저지른 재벌 총수들은 솜방망이 처벌을 받는다든지, 이렇게 기대를 져버리거나 바람직하지 않더라도 그게 현실이기 때문에 이런 일로 실망하거나 속상해해도 소용없고 어쩔 수 없다는 말입니다.

A: 横田課長、かわいそうにリストラの対象だって。ひどい話だよな。

B: あれだけ会社に尽くして一生懸命仕事してたのにな。

A: 会社という組織は残酷だよな。

B: **そんなもんだよ**。俺たちのような所詮雇われ社員なんていつでも都合のいいように扱われるだけだ。

A 요코타 과장님 가엾게도 정리 해고 대상이래. 너무한다 정말.
B 그렇게 회사를 위해 열심히 일했는데 말이야.
A 회사라는 조직은 정말 잔인해.
B 원래 다 그런 거야. 어차피 우리처럼 고용된 사원은 언제든 회사 편의대로 취급 당하지.

いいんじゃない？
괜찮지 않아?

A: 今夜彼氏とフレンチ食べに行くんだけど、このワンピースどう？

B: かわいいね。いいと思うよ。

A: うーん、こっちのドレス風の方がいいかな。待てよ、先週買ったこの白いスカートもいいかな。どう思う？

B: **いいんじゃない？** どれも…。

좋은지 나쁜지 의견을 묻는 상대방의 질문에 대해 확신은 없지만 괜찮은 것 같다고 답하는 말입니다.

A 오늘 저녁 남자 친구랑 프랑스 요리 먹으러 가는데, 이 원피스 어때?
B 예쁘네. 좋은 것 같아.
A 음, 이 드레스 느낌이 좋을까? 잠깐, 지난주에 산 이 흰 치마도 좋을 것 같은데. 어때?
B 괜찮지 않아? 어느 것이든….

142 別にいいじゃん
별로 상관없잖아, 뭐 어때

상대방이 어떤 일에 대해 신경을 많이 쓰거나 과민하게 반응할 때, 대수롭지 않은 일이라며 상황을 가볍게 넘기려는 말입니다.

A: みゆき、歴史のノートちょっと貸してくれる？

B: やだよ。授業中いつも寝てるくせに…。

A: **別にいいじゃん**。ノート貸したからって減るわけじゃないし。

B: その日やったことを毎日復習するんだからすぐ返してよ！

A 미유키, 역사 노트 좀 빌려줄래?
B 싫어. 수업 시간에 맨날 잠이나 자고….
A 뭐 어때. 노트 빌려준다고 닳는 것도 아닌데.
B 그 날 배운 거는 매일 복습하니까 빨리 보고 돌려줘!

うそみたい 143
믿기지 않아

A: 先月同窓会に行ってきたの。

B: どうだった？みんな元気だった？

A: それがさ、水田君がやせてすっごくかっこよくなっててさ。**うそみたい**。

B: そっかー。捕まえておけばよかったわね。

직역하면 '거짓말 같아'인데, 믿기지 않는 놀랍거나 신기한 일을 보거나 듣고 놀라움을 나타내는 말입니다.

A 지난달에 동창회에 다녀왔어.
B 어땠어? 모두 잘 지내?
A 그게 미즈타가 살이 빠져서 엄청 멋있어졌더라고. 믿기지 않아.
B 그래? 붙잡아 둘 걸 그랬네.

144 夢みたい

꿈만 같아

짝사랑하던 사람과 결혼을 하게 되거나, 로또에 당첨되는 등 꿈꾸던 일이 이루어지거나 믿기지 않을 정도로 좋은 일이 생겼을 때 행복함을 나타내는 말입니다.

A ニューヨークへの転勤が決まったわ。

B すごいわ。おめでとう。

A ああ、信じられない。夢みたい。

B ずっと目標にしてたからね。

A 뉴욕으로 전근이 확정됐어.
B 잘됐네. 축하해.
A 아, 믿을 수 없어. 꿈만 같아.
B 계속 목표로 하고 있었으니까.

いまいちだな 145
그저 그러네

A: ここのピザ、世界的に有名なイタリア人シェフが作ってるんだけど味はどう？

B: 見た目はおいしそうだけど、味はそんなにおいしいわけでもなく、**いまいちだな。**

A: 実は私もちょっと思ったんだ。

B: 話題にはなってるけど、味はそんなでもないよね。

いまいち는 '뭔가 좀 부족하고 아쉬운 모양'을 나타내는 말로, 무엇이 나쁜 건 아니지만 그렇다고 딱히 좋지도 않다는 의미입니다.

A 여기 피자 세계적으로 유명한 이탈리안 셰프가 만드는데 맛은 어때?
B 겉모양은 맛있어 보이는데 맛은 그렇게 맛있지도 않고, 그저 그래.
A 실은 나도 좀 그렇게 생각했어.
B 화제는 되었지만 맛은 그렇지도 않네.

146 そうするしかないね
그럴 수밖에 없네

다른 선택의 여지가 없이 그렇게 할 수밖에 없다는 말입니다.

A 明日のデートだけど、もし雨が降ったら、海には行けないね。

B そうだな。だからって山に行けるわけでもないしな。

A じゃあ、近場で映画はどうかな。

B そうだな。そうするしかないね。それからボーリングでも行こうか。

A 내일 데이트 말인데, 만약 비 오면 바다에는 갈 수 없겠네.
B 그러네. 그렇다고 산에 갈 수도 없고.
A 그럼 근처에서 영화는 어때?
B 그러네. 그럴 수밖에 없네. 그 후엔 볼링이나 갈까?

お見事！ 147
멋지다!, 훌륭하다!

A: お父さん、私のピアノの演奏どうだった？

B: **お見事！**素晴らしかったよ。

A: 発表会のためにたくさん練習したんだから。

B: とても感動したよ。

見事는 '훌륭함', '멋짐'이란 뜻으로, 멋지고 훌륭한 모습이나 활약을 보고 칭찬하는 말입니다.

A 아빠, 내 피아노 연주 어땠어?
B 훌륭해! 멋졌어.
A 발표회 때문에 많이 연습했거든.
B 완전 감동이야.

148 大したもんだ
대단하네

大した는 '대단한', '굉장한'이란 뜻으로, 나이나 경력, 체격 등 겉으로 보이는 모습이나 생각했던 것보다 훨씬 더 출중한 실력을 가진 사람을 칭찬할 때 쓰는 말입니다. 자기보다 어린 사람에게 사용합니다.

A 防弾少年団って人気あるよね。

B 日本だけじゃなくアメリカでも人気なんだってね。

A まだ若いのにすごいな。大したもんだ。

B やっぱり度胸が違うんだよ。

A 방탄소년단 인기 있네.
B 일본뿐만 아니라 미국에서도 인기 있대.
A 아직 어린데 굉장하네. 대단해.
B 역시 배짱이 달라.

それでいいよな？

그걸로 괜찮지?

A: 今週の花見だけど、上野公園に12時でいいかな。

B: うん。

A: 各自持参する物だけど、中田はビール、安田はつまみ、菊池はレジャーシート、**それでいいよな？**

B: お前は何を持って来るんだ？

A: 女の子〜！

자신이 말한 내용에 대해 상대방이 괜찮게 생각하는지, 이의는 없는지 물어보는 말입니다.

A 이번 주 벚꽃 놀이 말인데, 우에노공원에서 12시 괜찮아?
B 응.
A 각자 지참할 물건은 나카타가 맥주, 야스다는 안주, 기쿠치는 돗자리, 그걸로 괜찮지?
B 너는 뭘 가지고 오는데?
A 여자들〜!

150 ま、とりあえずそういうことで

뭐, 일단은 그런 걸로

무엇에 관해 이야기를 나눈 후 잠정적으로 그 내용대로 하는 걸로 하고 대화를 마무리할 때 하는 말입니다.

A: 明日の旅行の予定だけど、昼を食べてから午後ハイキングでいいかな。その後ホテルに戻って温泉に行く。

B: 午前中はお土産屋さんに行きたいな。

A: それもいいね。**ま、とりあえずそういうことで。**

B: じゃあ、明日は朝10時にフロントで待ち合わせね。

A 내일 여행 일정 말인데, 점심 먹고 오후에 하이킹 괜찮을까? 그 후에 호텔로 돌아와서 온천에 가는 걸로.
B 오전에는 기념품 가게에 가고 싶어.
A 그것도 괜찮네. 뭐, 일단은 그렇게 하는 걸로.
B 그럼 내일은 아침 10시에 프런트에서 만나자.

감정, 태도, 성격

Part 10

151 まぁ～まぁ～そう熱くならないで
너무 그렇게 열 내지 마

熱くなる는 '정색하고 발끈하다'란 뜻으로, 대단한 일도 아닌데 갑자기 흥분하거나 버럭 하는 사람을 진정시킬 때 하는 말입니다.

A 今回のワールドカップで韓国が日本を負かしてベスト16に入るぞ。

B 何言ってんだ？韓国なんて一人ぐらい選手抜けて戦っても勝てるよ。

A 何だと？お前韓国のチームをバカにしてんのか。

C **まぁ～まぁ～そう熱くならないで。** 所詮ゲームなんだし賭けに負けた方が飲み代払おうぜ。

A 이번 월드컵에서 한국이 일본을 꺾고 16강에 올라갈 거야.
B 무슨 소리야? 한국 정도는 한 명 빼고 싸워도 이길 수 있어.
A 뭐라고? 너 지금 한국 축구를 무시하는 거야?
C 너무 그렇게 열 내지 마. 어차피 게임이니까 내기해서 진 사람이 술값 내기로 하자.

すぐむきになるんだから

금방 정색한다니까

A: お父さん、私今お付き合いしてる人がいるんだ。

B: 何だと？どこのどいつだ！？そんな話、母さんから聞いてないぞ。

A: **すぐむきになるんだから。**落ち着いてよ。

B: これが落ち着いてなんていられるか。一体どんな男なんだ？

むきになる는 '정색하다'란 뜻으로, 쉽게 정색하고 흥분하는 사람에게 하는 말입니다.

A 아빠, 나 지금 사귀는 사람 있어.
B 뭐라고? 어떤 녀석이야!? 그런 얘기 엄마한테 못 들었는데.
A 금방 정색한다니까. 침착하세요.
B 이게 침착할 수 있는 일이야? 도대체 어떤 남자야?

153 私に八つ当たりしないでよ
나한테 화풀이하지 마

八つ当たり는 엉뚱한 사람에게 화풀이하는 것을 의미해서, 다른 일로 화가 난 상대방이 나한테 화풀이를 할 때 그만하라고 할 때 씁니다.

A パチンコで大損した。

B そんなにイライラしないでよ。

A お前が途中で止めなかったからこうなったんだろ。

B **私に八つ当たりしないでよ。** 自分のせいじゃない。

A 파친코에서 엄청 잃었어.
B 그렇게 짜증 내지 마.
A 네가 중간에 안 말려서 이렇게 된 거야.
B 나한테 화풀이하지 마. 자기 잘못이잖아.

穴があったら入りたい 154

쥐구멍이라도 있으면 들어가고 싶어

A: 安田さんに告白したんだって？どうだった？

B: それが… ふられたんだ。

A: そうだったんだ。

B: 自信があった自分が恥ずかしい。あー、**穴があったら入りたい。**

부끄러운 일이 있을 때 우리는 쥐구멍이라도 들어가고 싶다고 하는데, 일본에서는 그냥 '구멍'이라고 합니다.

A 야스다 씨한테 고백했다면서? 어떻게 됐어?
B 그게 말인데… 차였어.
A 그렇구나.
B 자신감 있었던 내가 창피해. 아, 쥐 구멍이라도 있으면 들어가고 싶어.

155 そんなのずるいよ

치사하다, 약아빠졌어

ずるい는 '약아빠지다'란 뜻으로, 정당하지 않게 편법을 쓰거나 요령을 부리는 사람을 나무라는 말입니다.

A 今日さ午後の授業出ないから、出席簿に俺の出席のチェックだけしておいてくれる？

B **そんなのずるいよ。**授業をさぼって出席したふりして。

A 次お前が授業出れない時、代わりにやってやるからさ。

B その言葉忘れるなよ！

- A 오늘 오후 수업 빠질 건데, 출석부에 내 출석 체크 좀 해 줄래?
- B 치사하다. 수업 빼먹고 출석만 체크하고.
- A 다음에 네가 수업 빠질 때 내가 대신 해 줄게.
- B 그 말 잊지 마!

もう我慢できない 156

더 못 참겠다

A 今のアパートなんだけど…。

B 何かあったの?

A 壁は薄くて寒いし、上の階の振動も煩いし、おまけにゴキブリもよく出るのよ。**もう我慢できないわ。**

B ありゃ…、それは災難ね。引っ越したら?

我慢은 '참음', '견딤'이란 뜻으로, 힘든 일이나 짜증 나는 일을 계속 참고 있다가 한계에 다다랐을 때 하는 말입니다.

A 지금 아파트 말인데….
B 뭔 일 있어?
A 벽은 얇아서 춥고, 위층도 시끄럽고, 게다가 바퀴벌레도 자주 나와. 더는 못 참겠어.
B 아, 완전 재난 수준이네. 이사하지 그래?

157 いい度胸してるな
배짱 있네, 배짱도 좋다

원래는 배짱 있는 사람을 인정하는 말이지만, 주제 넘게 행동하거나 눈치 없이 뻔뻔하게 행동하는 사람에게 핀잔을 줄 때도 비꼬아서 사용합니다.

A 毎朝会社に遅刻してくるなんて、お前いい度胸してるな。首になっても知らねぇぞ。

B 夜中までついゲームが止められなくて。

A ゲームだなんて。遊びなんだからほどほどにしろよ。

B いえ、副業ですが本業よりも稼いでいるんです。

A まじか！

A 매일 아침 회사에 지각하다니, 너 배짱도 좋네. 잘려도 난 모른다.
B 새벽까지 게임을 멈추지 못해서요.
A 게임 같은 건 놀이니까 적당히 좀 해.
B 아니요, 부업이지만 본업보다 더 벌고 있어요.
A 정말!

見てられないね 158
봐 줄 수가 없네

A: 見て、あのカップル。あんな人通りの多いところで堂々とキスしてるよ。

B: 見てられないね。時と場所をよく考えなきゃ。

A: 今どきの若者はまったく…。

B: あれ、よく見たら中年のカップルじゃん。びっくり！

눈꼴사나운 모습이나 도리에 어긋난 행동 등을 보고 참을 수 없어서 내뱉는 말입니다.

A 봐 봐, 저 커플. 저렇게 사람이 많은 데서 당당하게 키스하고 있네.
B 봐 줄 수가 없네. 때와 장소를 생각해야지.
A 요즘 젊은 애들은 정말….
B 어, 자세히 보니 중년 커플이네. 대박!

159 じれったいなあ
감질나게 하네, 애타게 하네

'じれったい'는 '애타다, 감질나다'란 뜻으로, 보기만 하고 먹지는 못하거나, 보기만 하고 만지지는 못하거나, 어떤 일이 될 듯 말 듯 하면서 계속 안 되는 등 사람 마음을 애태우는 상황에서 답답함을 표현하는 말입니다.

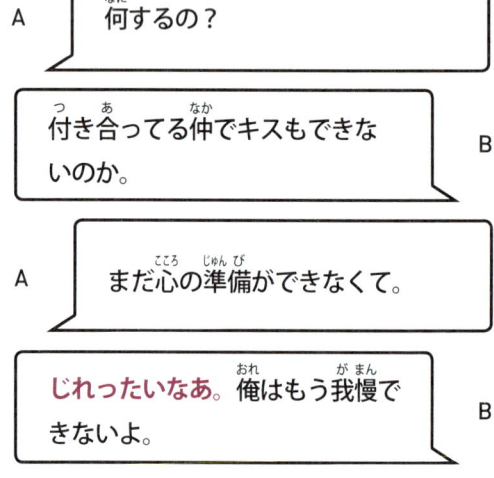

A 何するの？

B 付き合ってる仲でキスもできないのか。

A まだ心の準備ができなくて。

B **じれったいなあ。**俺はもう我慢できないよ。

A 뭐하는 거야?
B 사귀는 사이에 키스도 못해?
A 아직 마음의 준비가 안 됐어.
B 정말 애타게 하네. 나는 이제 못 참겠어.

もう、やってられない！ 160

아, 못해 먹겠네!

A: 俺今週ずっと残業だよ。もう限界だわ。

B: 俺も先週に続き今週までずっと残業だった。

A: しかもうちの会社は残業代出ないしな。**もう、やってられない！**いつまで働けるか分からない。

B: 俺もこんなブラック企業で長く働く気はないよ。

힘든 일이나 더럽고 치사한 일을 계속 참고 견디다가 더 이상 참을 수 없는 한계에 다다랐을 때 푸념하듯 내뱉는 말입니다.

A 나 이번 주 내내 야근이야. 이제 한계야.

B 나도 지난주에 이어서 이번 주까지 계속 야근이야.

A 게다가 우리 회사는 야근 수당도 나오지 않잖아. 아, 못해 먹겠네! 언제까지 일할 수 있을지 모르겠다.

B 나도 이런 불량 기업에서 오래 일할 마음은 없어.

161 心強いねえ
든든하네

어떤 분야의 전문가나 힘이 센 사람 등 의지할 수 있는 사람이 곁에 있어서 마음이 든든하다고 할 때 쓰는 표현입니다.

A 次回の海外旅行はどこへ行く？

B パリはどう？

A 私はフランス語専攻だったから、ガイドができるわよ。

B 心強いねえ。じゃあ、パリに決まり！

A 다음 해외여행은 어디로 갈까?
B 파리는 어때?
A 나 프랑스어 전공이라 가이드 할 수 있어.
B 든든하네. 그럼 파리로 결정!

何(なに)ビビってんだよ 162
뭘 쫄고 그래

A ぎゃー、ゴキブリ！！！

B 何(なに)ビビってんだよ、ゴキブリごときで。

A お願(ねが)い、早(はや)く殺(ころ)して。絶対殺(ぜったいころ)して！ゴキブリはマジで無理(むり)なの。

B まったくおおげさだな。

ビビるは '쫄다'란 뜻으로, 대수롭지 않은 일이나 사람에게 겁을 먹고 위축된 사람에게 핀잔을 주는 말입니다.

A 꺄~, 바퀴벌레!!!
B 뭘 쫄고 그래, 바퀴벌레 따위로.
A 제발, 빨리 죽여. 꼭 죽여! 바퀴벌레는 정말 질색이야.
B 참 호들갑은.

163 変わってないなぁ

하나도 안 변했네, 여전하네

상대방의 성격이나 성향이 변하지 않고 예전 그대로일 때 하는 말입니다. 반대로 사람이 변했을 때는 '変わったわね (변했네)'라고 합니다.

A あれ、三上君じゃない？今お昼なの？

B あっ、田辺さん。

A 相変わらずココイチのカレーに納豆をトッピングするの好きなんだね。**変わってないなぁ**。

B そういう田辺さんこそ、ココイチのカレーを食べに来ているところを見ると変わってないね。

A 어, 미카미 아니야? 지금 점심이야?
B 아, 다나베 씨.
A 여전히 코코이치의 카레에 낫토를 토핑하는 걸 좋아하는구나. 하나도 안 변했네.
B 그런 다나베 씨야말로 코코이치의 카레를 먹으러 오는 걸 보니 안 변했네요.

太っ腹だね 164

통이 크네, 도량이 크네, 대범하네

A: 今日は俺のおごりだから好きな物食べてくれ。

B: ここはけっこう高い寿司屋だぜ。**太っ腹だね**。

A: いつも世話になってるお前に感謝の気持ちだ。

B: そうか。では遠慮なくいただくか。

'太っ腹'는 '도량이 크다'란 뜻으로, 통 크게 한턱 내거나, 남의 잘못을 너그럽게 용서하거나, 대범한 결정이나 행동을 하는 모습을 가리켜 하는 말입니다.

A 오늘은 내가 쏘니까 먹고 싶은 거 먹어.
B 여기는 꽤 비싼 초밥집인데. 통이 크네.
A 항상 신세 지는 너한테 감사의 표시지.
B 그렇구나. 그럼 사양 말고 잘 먹어야겠네.

165 気前がいいな

손이 크네, 인심이 좋네

'気前'는 돈이나 물건에 인색하지 않는 기질로 '気前がいい'는 '손이 크다'란 뜻입니다. 그래서 돈이나 물건을 아끼지 않고 베푸는 사람을 가리켜 하는 말입니다.

A: これ、隣のおばさんがキムチの時期でキムチをたくさん漬けたからってくれたのよ。

B: わぁ。こんなにたくさん？気前がいいな。

A: 最近は隣にどんな人が住んでいるのか分からないこともあるけど、うちはお隣さんに恵まれたわ。

B: そうだな。今度うちも何か作ったら持って行ってあげよう。

A 이거 옆집 아주머니가 김장을 많이 하셨다며 갖다주셨어.
B 우와, 이렇게나 많이? 손이 크시네.
A 요즘은 옆집에 누가 사는지 모르는 사람도 많은데, 우리는 좋은 이웃을 만난 것 같아.
B 그러게 말이야. 우리도 다음에 뭐 만들면 갖다 드리자.

격려, 칭찬, 인정, 권유

Part 11

166 残念だったね
아쉽다, 유감이다

상대방의 안타까운 일에 대해 유감을 표하며 호응하는 말입니다.

A: AKBのイベントに行ったけど、握手ができなかった。

B: あんなに並んで待っていたのに？

A: 握手会の抽選で落ちちゃったんだ。

B: **残念だったね。**次回に期待しようよ。

A AKB 행사에 갔었는데, 악수를 못했어.
B 그렇게 줄서서 기다렸는데도?
A 악수회 당첨에서 떨어졌어.
B 유감이네. 다음을 기대하자.

そういうこともあるさ

그럴 때도 있는 거야

A 浩二、どうした？浮かない顔して。

B 美紀に告白したけどふられちゃった。

A **そういうこともあるさ。**

B 絶対いけると思ったから余計ショックだよ。

안 좋은 일을 겪고 상심한 상대방을 위로할 때 하는 말입니다. 큰 불행보다는 누구나 겪을 수 있는 일에 관해 얘기할 때 씁니다.

A 고지, 왜 그래? 꿀꿀한 얼굴을 하고.
B 미키에게 고백했는데 차였어.
A 그럴 때도 있는 거야.
B 분명히 잘 될거라고 생각하고 있어서 충격이 더 커.

168 よくあることさ
흔한 일이야

잘못이나 실수를 하고 걱정하는 상대방을 혼히 있는 일이라며 안심시키는 말입니다.

A 先輩、今日また上司に怒られてしまいました。

B 新入社員なら**よくあることさ**。

A そうなんですか。

B 今は教育中だと思ってたくさん怒られてそこからたくさん学ぶんだ。

A 선배, 오늘 또 상사한테 혼났어요.
B 신입 사원이라면 흔한 일이야.
A 그런가요?
B 지금은 교육 중이라고 생각하고, 많이 혼나고 거기서 많이 배우는 거야.

たまにはいいじゃない 169
가끔씩은 괜찮잖아

A: 今日の夕飯は何にしよう。ステーキがいいな。でも高いし…。

B: **たまにはいいじゃない。** 外に食べに行こうよ。

A: 何言ってるの！お肉を買って家で焼くのよ。

B: うちの嫁は節約家だな。

입시 공부 때문에 놀 시간이 없다든지, 너무 비싼 음식은 사 먹을 수 없다든지, 이렇게 여유가 안 돼서 무엇을 할 수 없다고 말하는 사람에게 가끔은 그런 여유를 가지거나 사치를 부려도 괜찮다고 설득하는 말입니다.

A 오늘 저녁은 뭐 하지? 스테이크가 좋겠네. 하지만 비싸고….
B 가끔씩은 괜찮잖아. 밖에 먹으러 가자.
A 무슨 소리야! 고기 사서 집에서 구워야지.
B 우리 와이프는 절약가구나.

170 それで十分だよ
그걸로 충분해

자신의 실력이나 노력 등이 부족하다고 느끼는 상대방에게 그 정도면 충분하다고 격려하는 말입니다.

A あなた、お義母様の誕生日のお祝い料理、これくらいしかできなかったんだけど。

B カルビチムとチャプチェとわかめスープか。

A 豪華にできなくてごめんね。

B **それで十分だよ**。作ってくれた気持ちが大事だからさ。

A 여보, 시어머니 생신상 이 정도밖에 준비 못했는데.
B 갈비찜이랑 잡채랑 미역국이네.
A 진수성찬으로 못 해 드려서 미안해.
B 그걸로 충분해. 만들어 준 마음이 중요하니까.

そりゃそうだよ 171
그건 당연하지

A 昨日デートで遅刻したら彼女が怒って帰っちゃった。

B 何で遅刻したの？

A それがパチンコに夢中になっちゃってて。

B **そりゃそうだよ。**俺でも怒るわ。

어떤 일의 자초지종이나 사연을 듣고나서 '그렇게 되는 것은 당연하다, 그렇게 될 수밖에 없다'고 강하게 공감하는 말입니다.

A 어제 데이트에 늦어서 여자 친구가 화나서 가 버렸어.
B 왜 늦었어?
A 그게 파친코 하느라 정신 없어서.
B 그건 당연하지. 나라도 화내겠다.

172 かわいそうに
불쌍한 것, 가엾어라, 안됐다

상대방 또는 제3자의 애처롭고 딱한 이야기를 듣고 동정을 표하는 말입니다.

A: 景気が悪くて売上げが伸びず、会社が倒産してしまった。

B: 明日からどうやって生活して行くんだ？

A: 借金もあるし、この先どうしたらいいんだ。

B: **かわいそうに**。俺に何かできることがあったら言ってくれ。

A 불경기로 매출이 오르지 않아 회사가 파산하고 말았어.
B 내일부터 어떻게 생활하는 거야?
A 빚도 있고, 앞으로 어떻게 하면 좋을지….
B 안됐다. 내가 도와줄 수 있는 일 있으면 말해.

やればできるじゃん 173

거봐, 할 수 있잖아

A やったー！とうとう10キロのダイエットに成功したわ。

B 頑張ったね。

A 何度も挫折しそうになったけど乗り越えたわ。

B **やればできるじゃん。** 後はそれを維持することだね。

공부나 운동, 일 등 어떤 일을 잘 할 수 있는 사람이 그동안 노력하지 않다가 마침내 성공적으로 해냈을 때 칭찬하는 말입니다.

A 해냈어! 드디어 10킬로 다이어트에 성공했어.
B 열심히 했네.
A 몇 번이나 포기할 뻔했지만 극복했어.
B 거봐, 할 수 있잖아. 이제 그걸 유지하는 것만 남았네.

174 それほどでもないけど
그 정도는 아니야

대단한 칭찬을 받았을 때 그 정도로 대단하지는 않다고 답하는 말로, 어느 정도 자신감을 내비치는 말입니다. 겸손하게 아직 멀었다고 말할 때는 'いや、まだまだだよ(아냐, 아직 멀었어)' 또는 'いや、まだまだです(아니, 아직 멀었어요)'라고 합니다.

A ジェウクさんって日本語がうまいよね。

B まだまだだよ。

A 日本語の他に、英語とフランス語、中国語もできるんだって。語学の天才だよね。

B **それほどでもないけど。**趣味で勉強したまでだよ。

A 재욱 씨 일본어 아주 잘하네.
B 아직도 멀었어.
A 일본어 외에 영어랑 프랑스어, 중국어도 할 줄 안다던데. 어학의 천재야.
B 그 정도는 아니야. 취미로 공부한 것뿐이야.

うまくいった?

175

잘됐어?

A 昨日彼女と初デートだったんだ。

B うまくいった？

A 緊張してあまりうまく話せなかったよ。でも来週お台場へ行く約束したんだ。

B よくやった！デートにはもってこいの場所だぞ。

면접, 데이트, 프레젠테이션 등 상대방이 한 일의 결과가 궁금할 때 물어보는 말입니다. 여기에서 いく는 '(일이) 되어 가다'란 뜻으로 쓰였습니다.

A 어제 여자 친구랑 첫 데이트였어.
B 잘됐어?
A 긴장해서 말을 잘 못했어. 그래도 다음 주에 오다이바에 가기로 했어.
B 잘됐네! 데이트로는 최적의 장소잖아.

176 褒めても何もないよ
칭찬해도 아무것도 없어

직역을 하면 '칭찬을 해도 나한테서 뭐 떨어지는 거 아무것도 없다'인데요. 상대방이 계속 나를 띄어 주는 말을 하자 쑥스러움을 감추기 위해 하는 말입니다.

A 今日のファッション素敵だね。

B そうかな？ちょっといつもと違うシックな雰囲気にしてみた。

A まるでフランスのモデルみたい。

B 言い過ぎだよ。**褒めても何もないよ。**

A 오늘 패션 멋진데.
B 그런가? 좀 평소와 다른 시크한 분위기로 해 봤어.
A 꼭 프랑스 모델 같아.
B 그건 지나쳐. 칭찬해도 아무것도 없어.

あなたもいろいろ大変ね 177

너도 이래저래 힘들겠다

A 最近どうしてたの？

B 実は旦那が盲腸で入院してて、看病していたら私が疲労で入院していたの。

A **あなたもいろいろ大変ね。** もう体調は大丈夫なの？

B 旦那も私ももう回復したわ。

힘든 일이나 성가신 일을 겪고 있는 상대방에게 공감을 표하며 위안하는 말입니다.

A 요즘 어떻게 지냈어?
B 실은 남편이 맹장으로 입원해서 간병했더니 내가 피로로 입원하게 됐어.
A 너도 이래저래 힘들겠다. 이제 몸은 괜찮은 거야?
B 남편도 나도 이제 좋아졌어.

178 だまされたと思ってやってみなよ

속는 셈치고 한번 해 봐

관심 없다는 상대방에게 괜찮은 이성이 있으니 소개팅을 해 보라고 권하거나, 점쟁이는 믿지 않는다는 상대방에게 정말 용한 곳이 있다며 추천할 때 등 무엇에 대해 별로 내키지 않아 하는 상대방에게 가벼운 마음으로 한번 해 보라고 권할 때 하는 말입니다.

A お前、投資ファンドをやってるの？

B ううん。そういうのお金を損しそうで怖くてできないよ。

A 俺はそれを趣味で少しずつやってみたけど、**だまされたと思ってやってみなよ**。初めは少ない金額からやれば大丈夫だよ。

B 本当？どれだけ儲かったの？

A 너 펀드 투자 하니?
B 아니. 그런 건 돈 잃을까봐 겁나서 못해.
A 난 취미로 조금 해 봤는데, 속는 셈치고 한번 해 봐. 처음엔 소액으로 해도 괜찮아.
B 정말? 그걸로 얼마나 벌었는데?

충고, 주의, 요청

Part 12

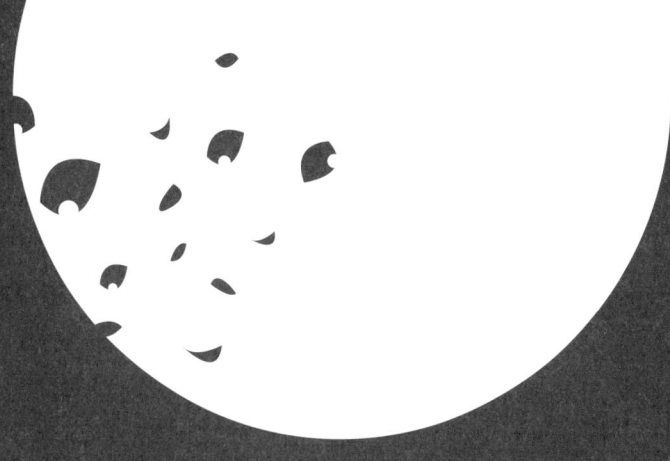

179 使えねえなぁ
쓸모없네, 도움 안 되네

남편이라는 사람이 감전이 무섭다며 전구 하나 갈지 못하거나, 영업사원에게 온라인 마케팅 기획안을 써내라고 했더니 컴맹이라고 말하는 등 이렇게 뭔가 필요한 순간에 막상 주변에 있는 사람은 그것을 할 수 없다고 할 때 그 사람을 탓하는 말입니다. 여기에서 使える는 '쓸모가 있다'란 뜻으로, 使えねえ는 使えない의 구어체입니다.

A: 山田、この報告書でいくつか間違いがあるぞ。

B: すみません。

A: 入社して1年経つのにまだこんなつまらないミスをしやがって。**使えねえなぁ。**

B: すぐに直してお持ちします。

A 야마다. 이 보고서에 잘못된 곳이 몇 개 있는데.
B 죄송합니다.
A 입사한 지 1년이 됐는데 아직 이런 하찮은 실수를 하다니. 도움 안 되네.
B 금방 고쳐서 가져오겠습니다.

自分ですればいいじゃん 180

직접 하면 되잖아

A: 彼女が昨日遊びに来たけど、夕飯作ってくれなかった。

B: だったら自分ですればいいじゃん。

A: そっか。次からそうしてみる。

B: 彼女もきっと惚れ直すわよ。

직접 하면 될 일을 남에게 시키거나, 남이 해 주지 않는다고 불평하는 사람에게 직접 하라고 하는 말입니다.

A 어제 여자 친구가 놀러 왔는데 저녁을 안 해 주더라.
B 그럼 직접 하면 되잖아.
A 그렇구나. 다음부턴 그렇게 할게.
B 여자 친구도 분명 다시 반하게 될 거야.

181 はっきりしてよ
확실히 정해

여러 이성 사이에서 갈피를 못 잡는 사람이나 자신의 색깔을 확실히 하지 않고 우왕좌왕하는 정치인 등 이렇게 결정 장애가 있는 사람에게 자신의 마음이나 방향을 확실히 정하라고 다그칠 때 하는 말입니다.

A 私と彼女、どちらをとるかはっきりしてよ。

B 何だよ、急に。

A 私、あんたが浮気してるのずっと前から知ってるんだからね。

B ちょっと待ってくれよ。誤解なんだ。まずは話を聞いてくれ。

A 나와 그녀, 누구를 택할지 확실히 정해.
B 뭐야, 갑자기.
A 당신이 바람 피우는 것 오래 전부터 알고 있었어.
B 잠깐 기다려 봐. 오해야. 우선 내 얘기를 들어줘.

ついていけないな

더는 못 따라가겠다

A: ねぇねぇ、このバッグ私によく似合うと思わない？

B: また買えって言うの？ちょっと前にも買ってあげただろう。

A: それはルイヴィトンで、これはシャネルでしょ。

B: **ついていけないな**。そんなに気に入ったなら自分で買ってくれ。

이랬다저랬다 하는 친구나 과소비가 심한 여자친구 등 일반적이지 않고 유별나게 행동하는 사람에게 더 이상 못 참겠다고 할 때 하는 말입니다.

A 봐 봐, 이 가방 나랑 너무 잘 어울릴 것 같지 않아?
B 또 사 달라는 거야? 얼마 전에도 사 줬잖아.
A 그건 루이비통이고, 이건 샤넬이잖아.
B 더는 못 따라가겠다. 그렇게 마음에 들면 직접 사던가.

183 目を覚ませ！
눈 좀 떠!, 정신 차려!

슬픔에 빠져서 정상적인 생활을 못하는 사람이나 나쁜 일에 빠져서 헤매고 있는 사람 등에게 정신 차리고 현실을 직시하라고 할 때 하는 말입니다.

A 彼女と別れて1年も経つのにまだひきずってるの？

B うん、とっても好きだったから。

A いい加減目を覚ませ！彼女のことなんか忘れて新たな人生を歩め。

B はぁ〜、俺には当分無理だな。

A 여자 친구와 헤어진 지 1년이나 지났는데 아직도 질질 끌고 있어?
B 응, 엄청 좋아했으니까.
A 적당히 정신 좀 차려! 걔는 잊어버리고 새롭게 다시 시작해.
B 아〜, 나 아직 무리야.

どうかしてるよ 184
어떻게 된 거 아냐

A: 今ライディングにはまっててさ。

B: 自転車の？

A: そうそう。自転車やユニフォーム、装備などで給料をほとんど使っちゃった。

B: **どうかしてるよ。** どうやって生活していくんだ？

상식적으로 이해할 수 없는 행동을 하는 사람에 대해 제정신이 아니라고 지적하는 말입니다.

A 지금 라이딩에 푹 빠져 있는데.
B 자전거?
A 응. 자전거랑 유니폼, 장비 등으로 월급을 거의 다 써 버렸어.
B 어떻게 된 거 아냐. 생활은 어떻게 하려는 거야?

185 どっちもどっちだよ

도긴개긴이네, 둘 다 마찬가지야

우리말의 '도긴개긴'처럼 다투는 양쪽 사람에게 누구 탓할 상황이 아니라 두 쪽 다 마찬가지라고 하는 말입니다.

A: お母さん、美里が私の洋服勝手に着てるのよ。ちょっと怒ってよ！

B: 先週お姉ちゃんだって私の靴、何も言わず履いたじゃない。

C: ちょっと二人とも。**どっちもどっちだよ。**たとえ家族でも人の物は勝手に使っちゃだめじゃない。次からは一言聞きましょうね。

A 엄마, 미사토가 내 옷을 마음대로 입고 있어. 좀 혼내 줘!

B 지난주 언니도 내 구두 말 한 마디 없이 신었잖아.

C 좀, 너희 둘. 둘 다 마찬가지야. 설령 가족이라도 남의 물건을 함부로 쓰면 안 되지. 다음부터는 먼저 물어보기다.

それだけは勘弁してくれ

그것만은 좀 봐줘

A: 明日お前とアルバイトの時間を変えてやったら本当にどんな願いも聞いてくれるのか。

B: 当たり前だ。何でも言え。

A: ならお前のクラスの美加ちゃんを紹介してくれ。

B: **それだけは勘弁してくれ。**俺はあいつと仲があまりよくないんだ。

勘弁은 '용서함', '사정을 봐줌'이란 뜻으로, 상대방이 내가 양보할 수 없는 일이나 내 능력 밖의 일을 무리하게 요구할 때, 제발 그것만은 봐 달라는 뜻으로 하는 말입니다.

A 내일 너랑 아르바이트 시간을 바꿔 주면 정말 무슨 부탁이든 들어주는 거야?
B 당연하지. 뭐든 말만 해.
A 그럼 너희 반의 미카 소개해 주라.
B 그것만은 좀 봐줘. 나 걔랑 사이가 별로 안 좋단 말이야.

187 一生のお願い
일생일대의 부탁이야, 딱 한 번만 들어주라

원래는 '일생일대의 중요한 부탁'이란 뜻이지만, 부탁을 들어줄 수 없다는 상대방에게 다시 한 번 간절히 부탁할 때 자주 하는 말입니다.

A: 小林、この週末バイトのシフト変わってくれないかな。急で本当に悪いんだけど。

B: 週末か…俺もう予定入れちゃったんだけど。

A: 急に彼女と旅行に行くことになっちゃって。一生のお願い。

B: おいおい、それが一生のお願いだなんておおげさすぎるぞ。そんなことなら変わってやるよ。

A: ありがとう。恩に切る。

A 고바야시, 이번 주말 아르바이트 좀 바꿔 주지 않을래? 갑자기 말해서 미안해.
B 주말이라… 나 약속 있는데.
A 갑자기 여자 친구랑 여행을 가게 되어서. 일생일대의 부탁이야.
B 어이, 그게 일생일대의 부탁이라니 너무 과장하지 마. 그런 거라면 바꿔 줄게.
A 고맙다. 신세 한 번 졌다.

今度だけだよ
이번뿐이야

A: 来週のデートで車が必要なんだ。お前の車貸してくれないか。

B: お前は運転が下手だから嫌だよ。傷でもつけたらどうする。

A: 彼女がどうしてもドライブしたいって言うんだ。

B: **今度だけだよ。**気をつけて運転しろよ。

상대방으로부터 받은 부탁을 이번은 어떻게 들어주지만 앞으로 더 이상 이런 부탁은 못 들어준다는 말입니다.

A 다음 주 데이트에 차가 필요한데, 네 차 좀 빌릴 수 있어?
B 너는 운전이 서툴러서 싫어. 긁히기라도 하면 어쩔거야.
A 여자 친구가 꼭 드라이브하고 싶다고 해서 말이야.
B 이번뿐이야. 조심해서 운전해.

189 これが最後だから

이번이 마지막이야

계속해서 어떤 부탁이나 돈 요구를 하는 사람에게 이번까지만 들어주고 더 이상은 들어줄 수 없으니 알아서 하라는 말입니다.

A: 今月もまたパチンコでお金全部すっちゃってさ、ちょっとだけ貸してくれない？

B: 分かったわ。1万円貸すけど返さなくていいから。**これが最後だから。**

A: おいおい、最後ってどういう意味だよ。

B: もう隆にはこれ以上付き合えないから別れるっていう意味よ。

A 이번 달에 또 파친코에서 돈을 다 날려 버렸는데, 조금만 빌려주지 않을래?

B 알겠어. 만 엔 빌려줄 테니 갚지 않아도 돼. 이게 마지막이야.

A 이봐, 마지막이라니 무슨 소리야?

B 이제 다카시랑 이 이상 만날 수 없으니 헤어진다는 의미야.

急かすなよ 190
재촉하지 마

A: 金曜日の夜は横浜の中華街で食べない？

B: その日は午後から打ち合わせで何時に終わるかまだ分からないんだ。

A: レストランに予約しないと行けないから早く返事がほしいの。

B: **急かすなよ。** 予約できなかったらまた別の日に行けばいいだろう。

'急かす'는 '재촉하다'란 뜻으로, 행동이나 대답 등을 빨리 하라고 보채는 사람에게는 부정형으로 '急かすなよ'라고 합니다.

A 금요일 저녁은 요코하마 차이나타운에서 먹지 않을래?
B 그날은 오후부터 미팅이 있어서 몇 시에 끝날지 아직 모르겠어.
A 레스토랑 예약을 해야 돼서 빨리 답해 주면 좋겠어.
B 재촉하지 마. 예약 못하면 다른 날에 가면 되잖아.

191 自業自得だよ
자업자득이야

상대방 또는 제3자가 자신의 잘못으로 안 좋은 결과를 맞았을 때 그것은 스스로 자처한 일이라고 꼬집는 말입니다.

A 明日からまた学校が始まるな。

B 夏休みって何でこんなに早く終わるんだろう。

A あーあ、宿題何もやってない。今日は徹夜だ。まいったな。

B 自業自得だよ。今までさんざん遊んでばかりいたから。

A 내일부터 다시 학교 시작이네.
B 여름 방학은 왜 이렇게 빨리 끝나는 걸까?
A 아아, 숙제는 하나도 안 하고. 오늘 밤새야 돼. 죽었다.
B 자업자득이야. 지금까지 실컷 놀기만 했으니.

やめとけ 192
관둬, 그만둬

A: 俺ももう40になった。将来を考えて転職をしようと思ってる。

B: **やめとけ**。40過ぎてからの転職はそううまくはいかない。

A: でもこのままずっと今の会社にいても期待はできない。

B: いっそのこと起業をしたらどうだ？

'やめとけ'는 'やめておけ'의 줄임말로 'おけ'는 'おく(두다)'의 명령형입니다. 그래서 상대방이 그릇된 행동을 하려는 것을 막을 때 'やめとけ'라고 합니다.

A 나도 벌써 마흔이야. 미래를 생각해서 이직하려고 해.
B 관둬. 마흔 넘으면 이직도 그렇게 쉽게 안 돼.
A 하지만 이대로 계속 이 회사에 있어 봤자 미래가 없어.
B 차라리 창업을 하는게 어때?

193 もうあきらめたら？
이제 포기하지?

오디션에 계속 떨어지면서도 수년째 배우를 포기 못한다든지, 눈길도 한번 안 주는 사람을 몇 년째 쫓아다닌다든지, 이렇게 가망 없는 일을 계속 하는 사람에게 그만 포기하라고 하는 말입니다.

A 先輩に勇気を出して告白したんだけど。

B 返事はどうだった？

A それが考えてから連絡すると言ってもう1ヶ月経つの。

B **もうあきらめたら？**付き合えないってことよ。

A 용기 내서 선배한테 고백했는데.
B 답은 어땠어?
A 그게 생각하고 연락 주겠다고 한 게 벌써 한 달이 지났어.
B 이제 포기하지? 사귈 생각이 없다는 거야.

笑ってごまかすなよ 194

웃어넘기지 마

A: ランチセット1万2千円ってあるけどこのレシートは何だ？

B: ママ友たちとちょっとランチに…。アハハ。

A: アハハじゃないよ。笑ってごまかすなよ。ランチにしてはけっこうな金額じゃないか。

B: 主婦の私だってたまには息抜きが必要なのよ。

ごまかす는 '얼버무리다', '어물어물 넘기다'란 뜻으로, 잘못을 추궁하는데 얼렁뚱땅 웃어넘기려는 사람에게 하는 말입니다.

A 런치 세트 12,000엔이라고 적혀 있는 이 영수증은 뭐야?
B 애들 엄마들이랑 점심 좀 먹으러…. 하하하.
A 하하하가 아니야. 웃어넘기지 마. 점심 치고는 너무 큰 돈 아니야?
B 주부인 나도 때로는 휴식이 필요해.

195 少しは見習え
보고 좀 배워

見習う는 '본받다', '보고 배우다'란 뜻으로, 어른스러운 형, 착한 언니, 공부 잘하는 엄마 친구 아들 등, 주위에 행실이 바른 사람들을 가리키며 보고 좀 배우라며 꾸중할 때 하는 말입니다.

A 雅信。部屋をこんなにちらかして。

B 今片付けるところだったんだよ。

A お兄ちゃんはいつも綺麗に整理しているじゃないか。少しは見習え。

B お兄ちゃんは潔癖症だからだよ。

A 마사노부. 방을 이렇게 어지럽히면 어떡해.
B 지금 치우려던 참이었어.
A 형은 항상 깨끗하게 정리하잖아. 보고 좀 배워.
B 형은 결벽증이라서 그래.

世間はそんなに甘くないぞ

세상 그렇게 만만하지 않아

A: いい大学出ていい会社に就職して、これで将来は安泰だな。

B: **世間はそんなに甘くないぞ。**

A: どういうこと？

B: いい大学出ても就職できなかったり給料が少ない人はたくさんいるぞ。

실패나 고생을 별로 해보지 않아서 세상을 너무 쉽고 만만하게 생각하는 사람에게, 세상이 생각보다 더 엄격하고 냉혹하다는 사실을 강조하는 말입니다.

A 좋은 대학 나오고 좋은 회사에 취직하고, 이제 미래는 걱정 없겠구나.
B 세상 그렇게 만만하지 않아.
A 무슨 말이야?
B 좋은 대학 나와도 취직 못하거나 월급이 적은 사람들이 얼마나 많은데.

197 こんなことやってる場合じゃない
지금 이런 거 할 때가 아니야

상대방이 중요한 일을 앞두고 쓸데없는 일을 하고 있거나, 자기 자신이 다른 일을 하다가 갑자기 중요한 할 일이 떠올랐을 때 하는 말입니다.

A もうそろそろ塾の時間だ。

B ゲームを止めないとな。

A そういえば塾の宿題やってなかった。こんなことやってる場合じゃない。

B あっ、俺もだ。ゲームはもう止めて早く宿題しよう。

A 이제 곧 학원 갈 시간이야.
B 게임 그만해야겠네.
A 그러고 보니 학원 숙제 안 했어. 지금 이런 거 할 때가 아니야
B 아, 나도. 게임 그만하고 빨리 숙제하자.

それどころじゃないよ 198
그럴 처지가 아니야

A: 昼でも食べに行くか。

B: 今それどころじゃないよ。先方が取引をキャンセルするって言ってきて。

A: だからこそメシでも食って気分や考えを変えるんだ。

B: 何をのん気なことを。手伝うっていう選択はないのか。

발등에 떨어진 중요한 일이 있어서 다른 것 할 정신이 없다고 하는 말입니다.

A 점심이나 먹으러 갈까?
B 지금 그럴 상황이 아니야. 상대방이 거래를 취소한다고 해서.
A 그러니까 밥이라도 먹고 다시 생각해 보는 거야.
B 무슨 태평한 소리. 도와주겠다는 말은 없는 거야?

199 やる気あるの？
할 생각이 있는 거야?

성적이나 실적이 저조하거나 열심히 하지 않는 사람을 나무라는 말입니다.

A 橋本！営業の成績まったく伸びてないけど。

B すいません。

A **やる気あるの？**ないならいつでもこの仕事辞めていいから。

B 今月こそは上げてみせます。

A 하시모토! 영업 실적이 하나도 안 늘었잖아.
B 죄송합니다.
A 할 생각이 있는 거야? 없으면 언제든 그만둬도 돼.
B 이번 달이야말로 실적을 올려 보겠습니다.

もっと真面目にやれ 200
좀 더 진지하게 해 봐

A: 俺達の野球部は甲子園を目指すんだ。頑張るぞ。

B: はいはい…。

A: **もっと真面目にやれ**よ。練習をさぼるんじゃない。

B: さすがキャプテンは熱いですね。

무엇을 취미 활동처럼 하거나 건성으로 하는 사람에게 좀 더 진지하게 열심히 해 보라고 할 때 하는 말입니다.

A 우리 야구부는 고시엔이 목표야. 힘내자.
B 네, 네….
A 좀 더 진지하게 해 봐. 연습 빼먹지 말고.
B 역시 주장은 열정적이네요.

부정

Part 13

お言葉を返すようですが

반론하는 것 같지만, 부정하려는 건 아니지만

A 中谷君のチームは業績がいまいちだね。

B すみません、部長。

A いまいち優秀な部下がいないのではないか。

B **お言葉を返すようですが**、私の部下たちは皆優秀です。私のやり方に問題があるようです。

'言葉を返す'는 '말대답하다'란 뜻으로, 윗사람이 한 말에 대해 조심스럽게 부정하며 자신의 의견을 말하려고 할 때 쓰는 말입니다.

A 나카타니 씨 팀은 실적이 별로네.

B 죄송합니다, 부장님.

A 별로 우수한 부하가 없나 보지?

B 부정하려는 건 아니지만, 부하 직원들은 모두 우수합니다. 제 방식에 문제가 있는 것 같습니다.

202 夢でも見たんじゃないの？
꿈이라도 꾼 거 아냐?

夢を見る는 '꿈을 꾸다'란 뜻으로, 상대방이 믿을 수 없는 황당한 이야기를 할 때 꿈에서 본 이야기 아니냐고 하는 말입니다.

A お姉ちゃん、昔お婆ちゃんの家で蛇を見たよ。

B 田舎だから蛇ぐらい出るわよ。

A 違うの。夜、テレビを見ていたら、天井から白い蛇がにょろーっと出たの。

B **夢でも見たんじゃないの？**

A お姉ちゃんも横にいたのに…。

A 언니, 옛날에 할머니 집에서 뱀을 봤어.
B 시골이라 뱀 정도는 나오겠지.
A 그게 아니야. 밤에 텔레비전을 보고 있었는데, 천장에서 흰 뱀이 꿈틀꿈틀 나왔거든.
B 꿈이라도 꾼 거 아냐?
A 언니도 옆에 있었는데….

そういう問題じゃないでしょ
그런 문제가 아니잖아

203

A: あの人、赤信号なのに横断歩道渡ってる。私たちも行っちゃおうか。

B: だめでしょ。

A: だってあの人はやってるじゃん。

B: **そういう問題じゃないでしょ。** 人が守らないからと言って自分まで守らないのはいけないこと。公共の規則はしっかり守らないと。

상대방이 어떤 일의 본질이나 문제의 핵심을 파악하지 못하고 딴소리를 할 때 핵심을 알려 주려고 하는 말입니다.

A 저 사람 빨간불인데 횡단보도를 건너고 있어. 우리도 갈까?
B 안 되지.
A 근데 저 사람은 건너가잖아.
B 그런 문제가 아니잖아. 남이 지키지 않는다고 너까지 지키지 않으면 안 된다는 거야. 공공질서는 제대로 지켜야지.

204 そんなわけにはいかないだろ！
그럴 순 없지!

상대방이 규칙이나 양심에 어긋난 일을 권하거나 하려고 할 때 그럴 수는 없다고 하는 말입니다.

A: あーあ、明日会社行きたくないな…。

B: 風邪引いたって嘘ついて休んじゃえば？

A: **そんなわけにはいかないだろ！**

B: 仮病で休んだらまたそのくせがついちゃうもんね。

A 아아, 내일 회사 가기 싫다….
B 감기에 걸렸다고 거짓말하고 쉬면 어때?
A 그럴 순 없지!
B 꾀병 부리고 일 안 가면 그게 버릇이 되어 버릴 수도 있겠다.

どうかと思うよ 205
그건 좀 아닌 것 같은데

A: 見て！ＳＮＳで彼氏とキスした写真上げちゃった。

B: **どうかと思うよ。**

A: どうして？「いいね」がたくさんついたのに。

B: 今はいいけど、もしも今後別れたりしたら、元彼とのそんな写真はちょっと気まずくない？

どうかと思うは '어떻게 생각해야 할지 모르겠다', '(그게 적절한지) 의문이 든다'란 뜻으로, 어떤 일이 올바르게 느껴지지 않을 때 쓰는 말입니다.

A 봐 봐! SNS에 남자 친구랑 키스한 사진 올렸어.
B 그건 좀 아닌 것 같은데.
A 왜? '좋아요'가 엄청 많은데.
B 지금은 괜찮지만 혹시라도 나중에 헤어지거나 하면 전 남자 친구와의 그런 사진은 좀 그렇잖아.

206 それはないだろ
그건 아니잖아, 그건 아니지

상대방이 한 말에 대해 그건 옳지 않다거나, 그럴 리는 없다고 부정할 때 하는 말입니다.

A: あの子、俺に気があるのかな。

B: **それはないだろ。**彼氏いるって言ってたし。

A: じゃあ何で俺にあんなに優しくするんだ？

B: そういう性格なんだろう。お前のように勘違いするのも性格の一つのように。

A 쟤 나한테 마음이 있는 건가.
B 그건 아니지. 남자 친구가 있다고 했었어.
A 그럼 왜 나한테 그렇게 다정한 건데?
B 원래 그런 성격이겠지. 너처럼 착각하는 것도 성격의 한 가지인 것처럼.

それはまずいよ
그건 곤란하지

A: 昨日旦那と喧嘩して、思わず結婚したこと後悔したって言っちゃった。

B: **それはまずいよ。** 何でそんなこと言ったの？

A: もう何か結婚生活に疲れて来ちゃって…。

B: そっかー。とりあえず今日は飲んでカラオケに行ってストレスを解消するか！

'まずい'는 한자로 '不味い'로 음식이 맛없다고 할 때도 쓰지만, 불편하거나 곤란한 상황을 의미하기도 합니다.

A 어제 남편과 싸우다가 무심코 결혼한 거 후회한다고 말해 버렸어.
B 그건 곤란하지. 왜 그런 말을 했어?
A 왠지 그만 결혼 생활에 지쳐 버려서….
B 그렇구나. 일단 오늘은 술 한잔하고 노래방 가서 스트레스라도 풀자!

208 それはやりすぎだよ
그건 너무 지나치잖아

상대방이 너무 심하게 야단을 친다거나, 집착을 한다거나, 엄하게 다룬다거나 하는 등 굳이 그렇게까지 하지 않아도 되는데 너무 지나친 행동을 할 때 나무라는 말입니다.

A: 好きな人に告白しようと後に付いて行ったら彼の家まで行っちゃった。

B: **それはやりすぎだよ。** 一歩間違えたらストーカーでしょ。

A: えへへ。でも家まで知れてラッキー。

B: ちょっとー。警察沙汰にならないように気をつけてよ。

A 좋아하는 사람에게 고백하려고 따라가다가 그의 집까지 가고 말았어.
B 그건 너무 지나치잖아. 까딱 잘못하면 스토커지.
A 에헤헤. 하지만 집까지 알게 되어서 다행이야.
B 경찰까지 나서는 문제가 되지 않도록 조심해.

それは言いすぎだよ 209

말이 너무 심하잖아, 말이 너무 지나치잖아

A 最近、少し太ったんじゃない？顔が丸くなったよ。

B うっそー！やだ、そんなに？

A 顎がなくなったよ。

B 顎がなくなったって。**それは言いすぎだよ。**友達でもちょっと酷くない？

상대방의 말이 듣기 불편할 정도로 심하거나 도를 넘었다고 느껴질 때 하는 말입니다.

A 요즘 좀 살찐 거 아냐? 얼굴이 동그래졌어.
B 어머니! 그 정도야?
A 턱이 없어졌어.
B 턱이 없어졌다니. 말이 너무 지나치잖아. 친구라도 좀 심하지 않아?

210 できないものはできないよ
안 되는 건 안 되는 거야

할 수 없거나 안 된다고 한 일을 상대방이 계속 부탁하거나 요구할 때 다시 한 번 단호하게 거부하는 말입니다.

A 明日まで10万円持って来たら、お前のいじめやめてやる。

B そんなお金ないし、お母さんになんて話せない。

A だったらこのまま殴られてもいいのか。

B **できないものはできないよ。**僕にどうしろって言うんだ！

A おいおい、逆切れかよ。何このパターン。

A 내일까지 10만 엔 가져오면 널 그만 괴롭힐게.
B 그런 돈도 없고, 엄마한테도 말할 수 없어.
A 그럼 이대로 맞아도 괜찮아?
B 안 되는 건 안 되는 거야. 나보고 어쩌란 말이야!
A 이봐, 지금 나한테 성질내는 거야? 뭐야, 이거.

だめだと言ってるでしょう 211

안 된다고 하잖아

A: これから3次会へ行かない？

B: 旦那が待ってるから帰るわ。

A: もうちょっとだけいいじゃん。1時間ぐらい。

B: だめよ。11時までに帰ると約束したから。

A: タクシーで送って行くからさ。

B: しつこいな。**だめだと言ってるでしょう。**

안 된다고 하는데도 상대방이 계속해서 무엇을 요구하거나 권할 때 강하게 거절하는 말입니다.

A 지금부터 3차에 안 갈래?
B 남편이 기다리고 있어서 그만 돌아갈게.
A 조금만 더 있어도 되잖아. 1시간 정도는.
B 안 돼. 11시까지 돌아간다고 약속했으니까.
A 택시 태워 줄 테니까.
B 집요하네. 안 된다고 하잖아.

212 そんなはずないよ
그럴 리가 없어

はずは '~할 리'란 뜻으로, 상대방이 가능성 희박한 얘기를 할 때, 그럴 리가 없다고 부정하는 말입니다.

A あれ、財布がない！どこに行ったんだ。

B さっきのカフェに置いてきたとか。

A **そんなはずないよ。**お金はちゃんと支払って店を出たから。

B じゃあ歩きながら落としたのかもしれないな。来た道戻ってみようか。

A 어, 지갑이 없다! 어디 간 거지?
B 아까 카페에 두고 온 거 아니야?
A 그럴 리가 없어. 분명히 돈을 내고 가게를 나왔거든.
B 그럼 걸으면서 흘렸는지도 모르겠네. 왔던 길을 다시 가 볼까?

そうかなあ？

213

그럴까?

A: この本、ブックオフで200円ぐらいで買い取ってくれるかな。

B: **そうかなあ？** そんなに高く買ってくれるかな。かなり昔の本だよ。

A: でもベストセラーの本だからそこそこいくと思うよ。

B: 私が思うに多くても100円ぐらいで買い取るんじゃないかな。

상대방이 한 말에 대해 그럴 가능성은 낮을 것 같다고 부정적으로 생각하는 말입니다.

A 이 책 북오프에서 200엔 정도에 사 주지 않을까?
B 그럴까? 그렇게 비싸게 사 줄까? 꽤 옛날 책이잖아.
A 그래도 베스트셀러니까 웬만큼 될 걸.
B 내 생각으론 많아 봤자 100엔 정도에 사 줄 거 같아.

214 どうかなあ
글쎄

상대방의 질문에 대해 그럴 가능성이 낮다고 부정적으로 대답하는 말입니다.

A: 吉本さん、新開発の企画書、明日までに作れる？

B: **どうかな**。まだ価格の部分で確認がとれてないんだ。

A: 分かった。じゃあそこは俺が確認とってくるよ。

B: だったら、何とか明日までに仕上げてみるよ。

A 요시모토 씨, 신개발 기획서 내일까지 만들 수 있어?
B 글쎄. 아직 가격 부분이 확인되고 있지 않아.
A 알겠어. 그럼 그건 내가 확인 받아 올게.
B 그럼 어떻게 하든 내일까지 완성해 볼게.

そんなんじゃないよ 215
그런 거 아니야

A: 昨日高嶋とデートしていただろう。

B: **そんなんじゃないよ。** サークルで必要な備品を買いに行っただけだ。

A: 仲よさそうだったけど。

B: 高嶋には彼氏がいるし、お前が想像するようなことはないよ。

상대방이 뭘 잘못 알고 있거나 오해하고 있을 때, 그런 게 아니라고 부드럽게 부정하는 말입니다.

A 어제 다카시마랑 데이트했지?
B 그런 거 아니야. 동아리에서 필요한 비품을 사러 갔을 뿐이야.
A 사이 좋아 보이던데.
B 다카시마는 남자 친구가 있고, 네가 상상하는 그런 일은 없어.

216 そうでもないさぁ
꼭 그렇지도 않아

상대방의 의견에 동의하지 않거나 꼭 그렇지는 않다고 느낄 때, 부드럽게 반대 의견을 내는 말입니다.

A ヨンジュンさん、東京の冬はソウルに比べると寒くないでしょ？

B そうでもないさぁ。

A そうなの？

B うん。ソウルとは違う寒さがあるというか、東京でも寒いことは寒いよー。

A 용준 씨, 도쿄의 겨울은 서울에 비하면 춥지 않지?
B 꼭 그렇지도 않아.
A 그래?
B 응. 서울이랑은 다른 추위가 있다고 할까. 도쿄에서도 추운 건 추운 거지.

다양한 반응과 대답

Part 14

217 だといいけど
그렇다면 다행이지만

상대방의 의견에 대해 그렇게 되면 좋겠다고 희망하는 말입니다.

A 今日の私の誕生日会に、彼来てくれるかな。

B 一応声かけておいたから来ると思うけど。

A だといいけど…。

B まぁ、時間まで待ってみるしかないね。

A 오늘 내 생일 파티에 그가 와 줄까?
B 일단 말해 뒀으니까 올 것 같은데.
A 그렇다면 다행이지만….
B 뭐, 그때까지 기다려 볼 수 밖에 없네.

そういえばそうだ 218
그러고 보니 그러네

A: 今日の誕生日パーティーに健は来なかったね。

B: **そういえばそうだ。**彼を見てないな…。

C: 急にアルバイトが入って来れないって連絡あったよ。

A: 彼に会う目的で集まった女の子たちも多いのに、残念ね。

어떤 이야기를 듣고 비로소 그 사실을 깨달았을 때 하는 말입니다.

A 오늘 생일 파티에 타케루는 안 왔네.
B 그러고 보니 그러네. 못 본 것 같네….
C 갑자기 아르바이트 하게 돼서 못 온다는 연락 왔었어.
A 그를 볼 목적으로 모인 애들도 많은데, 아쉽네.

219 まあ、いいけど

뭐, 그러던지

상대방의 생각이나 제안에 소극적으로 찬성하는 말입니다. 확실하게 좋다는 대답이 아니어서 'けど、何？(하지만 뭐?)'라며 되묻는 경우도 많습니다.

A 明日のデートプランだけど、映画を見てショッピングして、それから観覧車に乗るのはどう？

B うん、**まあ、いいけど。**

A けど、何？他にしたいことや行きたいところでもある？

B 俺は家で静かにのんびりしたいなぁ…って。

A 내일 데이트 말인데. 영화 보고, 쇼핑하고, 그리고 관람차 타는 거 어때?
B 응, 뭐, 그러던지.
A 하지만 뭐야? 따로 하고 싶은 거나 가고 싶은 곳이라도 있어?
B 나는 집에서 그냥 편하게 쉬고 싶어서.

まあ、いいか

뭐, 괜찮겠지, 뭐, 괜찮지 않나?

A: 初めてチーズケーキを作ってみたけど、どう？

B: あんまりチーズの味がしないけど。**まあ、いいか**。初めてにしてはうまくできたと思うよ。

A: よかった〜。

B: 次回はもっとチーズを多く入れたら完璧だよ。

무엇이 완벽하진 않지만 더 이상 신경 쓰지 않고 넘어가려고 할 때 쓰는 말입니다. 타협이나 체념의 뉘앙스가 조금 담겨 있습니다.

A 처음으로 치즈 케이크 만들어 봤는데 어때?
B 별로 치즈 맛이 안 나지만. 뭐, 괜찮지 않나? 처음치고는 잘 만들었어.
A 다행이다〜.
B 다음엔 치즈를 더 많이 넣으면 완벽하겠어.

221 意外(いがい)だね
의외네

무뚝뚝하게 보이는 남자가 알고 보니 엄청 애처가라든지, 청순가련하게 보이는 여자가 어릴 때는 완전 날라리였다든지, 이렇게 누군가에 대해 평소 생각했던 것과 다른 새로운 모습을 알게 되었을 때 놀라움을 표현하는 말입니다. 그냥 '意外(いがい)!'라고 하기도 합니다.

A 学生の頃、陸上の選手だったんだ。

B 意外だね。

A そう?

B 運動系には見えないから。

A 학생 시절 육상 선수였어.
B 의외네.
A 그래?
B 운동하는 사람처럼은 안 보여서.

やっぱりそうだったのね

역시 그랬구나

A 今朝、スターバックスへ行ったらイケメンの店員さんが私がいつも注文するものを覚えててくれたの！

B 何かいいことでもあったのかなと思ったら**やっぱりそうだったのね**。

A あら、嬉しさが顔に出てた？

B うん。顔だけじゃなく体全体から出てるよ。

무엇에 대한 자신의 직감이나 예측이 맞았을 때 하는 말입니다.

A 아침에 스타벅스에 갔더니 꽃미남 점원이 내가 항상 주문하는 걸 기억하고 있었어!
B 뭔가 좋은 일이라도 있나 싶었더니 역시 그랬구나.
A 어머, 기쁜 마음이 얼굴에 드러났어?
B 응. 얼굴뿐만 아니라 온몸에서 드러나.

223 今度ね
다음에 기회 되면

직역을 하면 '다음에'라는 뜻이지만, 실제로는 '만약 다음에 기회가 된다면' 정도의 의미로, 상대방의 제안에 대해 불분명하게 후일로 미루는 말입니다.

A: 今回はランチで集まったけど、次回はディナーで集まるのはどう？お酒も飲んじゃおうか。

B: うん、今度ね。

A: 夜は忙しい？

B: 子供を旦那に預けなきゃいけないから夜出て来れるかどうか分からなくて。できるなら連絡するわ。

A 이번엔 점심 식사 때 모였는데, 다음엔 저녁에 모이는 건 어때? 술도 좀 마셔 볼까?
B 응, 다음에 기회 되면.
A 저녁엔 바쁘니?
B 아이를 남편한테 맡겨야 되니 저녁에 나올 수 있을지 잘 몰라서. 되면 연락할게.

ショック 224
충격이야

A: SMAPが解散しちゃったね。

B: **ショック**。まさかとは思ったけど。

A: 解散してもファンだから変わらず応援するわ。

B: こういうファンがいると心強いわね。

매우 실망스러운 일이나 예상도 못한 충격적인 일에 대해 놀라움과 유감을 표현하는 말입니다.

A SMAP가 해산해 버렸네.
B 충격이야. 설마라고 생각했는데.
A 해산해도 팬이니까 변함없이 응원할 거야.
B 이런 팬이 있으면 마음이 든든하겠다.

225 ほんとかよ
정말이야?

믿기지 않는 거짓말 같은 이야기를 듣고 의심할 때 하는 말입니다.

A 2026年から人類は火星に移住するらしいよ。

B ほんとかよ。2026年なんてもうすぐだぜ。

A その時は地球に氷河期が来るらしい。

B お前は都市伝説に影響されすぎ。

A 2026년부터 인류는 화성으로 이주한대.
B 정말이야? 2026년은 얼마 안 남았는데.
A 그때 지구에 빙하기가 오나 봐.
B 너는 도시 전설에 너무 영향을 받는 거 같네.

間違(まちが)いないって 226
틀림없다니까, 정말이라니까

A: ここがおいしいって言う居酒屋(いざかや)？店(みせ)も古臭(ふるくさ)いし客(きゃく)もあんまりいないけど？

B: 知(し)る人(ひと)ぞ知(し)る隠(かく)れ家(が)的(てき)な店(みせ)なんだ。

A: そうなの？ならお前(まえ)の言葉(ことば)を信(しん)じて一度(いちど)入(はい)ってみるか。

B: そうそう。**間違(まちが)いないって。**

자신이 알고 있는 사실이나 자신이 한 말이 틀림없다고 강조하는 말입니다.

A 여기가 맛있다는 그 이자카야 맞아? 가게도 허름하고 손님도 별로 없는데?
B 아는 사람만 아는 숨은 가게야.
A 그래? 그럼 네 말 믿고 한번 들어가 볼까?
B 그래. 틀림없다니까.

227 それだよ
바로 그거야, 그래, 그거

자신이 하려던 말을 상대방이 언급하거나, 찾고 있던 무엇을 상대방이 찾아 주었을 때 '바로 그거'라고 하는 말입니다.

A 何かいいダイエット方法知らない？

B 炭水化物を一切とらない代わりにお肉をたくさん食べるダイエット！

A **それだよ！**私お肉大好きだからそれなら続けられそう。

B お肉以上に炭水化物も好きだけど、できるの？

A 뭐 좋은 다이어트 방법 몰라?
B 탄수화물을 전혀 먹지 않고 대신 고기를 많이 먹는 다이어트!
A 바로 그거야! 난 고기를 아주 좋아하니까 그거라면 계속할 수 있을 것 같아.
B 고기 이상으로 탄수화물도 좋아하는데, 할 수 있겠어?

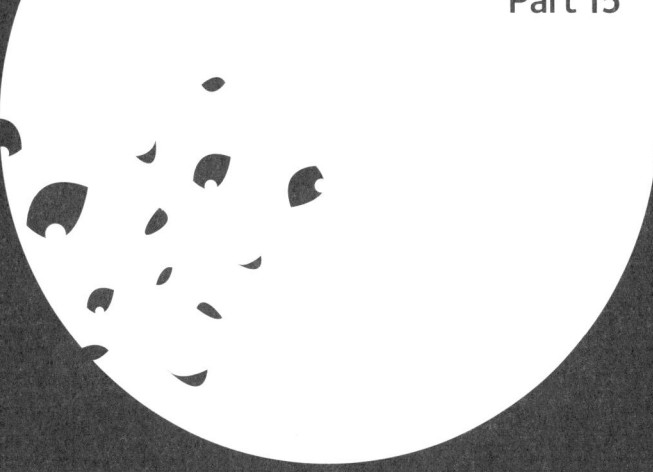

기타 표현

Part 15

228 片手で充分
한 손으로도 할 수 있어

'양손'은 両手, 한 손은 片手인데, 한 손으로 할 수 있을 정도로 아주 쉬운 일이라고 하는 말입니다. 비슷한 표현으로는 '朝飯前だ(누워서 떡 먹기)'가 있습니다.

A: お昼、うちでパスタでも作って食べようか。

B: いいね。ナポリタンとか？

A: **片手で十分だわ。**

B: やった！

A 점심은 우리 집에서 파스타라도 만들어 먹을까?
B 괜찮네. 나폴리탄 어때?
A 한 손으로도 할 수 있어.
B 앗싸!

任せて 229
맡겨 둬

A 急に同僚がうちに寄ることになっちゃって、何か食べるものある？

B お酒のおつまみぐらいだったら何とかなるわ。

A 悪いね。

B 任せて。すぐ作るから。

부탁 받거나 의뢰 받은 일을 자신감 있게 흔쾌히 수락하는 말입니다. '任せて' 또는 '任せといて'라고도 합니다.

A 갑자기 동료가 집에 들르게 됐는데, 뭐 먹을 거라도 있어?
B 술안주 정도라면 어떻게 될 거야.
A 미안.
B 맡겨 둬. 바로 만들 테니까.

230 一応チェック
일단 체크

チェックは '확인', '점검', '기록' 등의 여러 의미가 있는데, 이상 없는지 확인하거나 어떤 건지 확인한다고 할 때도 쓰고, 확인이나 점검한 것을 기록한다고 할 때도 씁니다.

A お前に借りていた1万円返すね。ありがとな。

B えーっと。牧田は12月17日に1万円、飲み代として貸していて、今日返したと…。

A お前、いちいちノートにつけていたのか。

B 一応チェック。お金の貸し借りはきちんと記録しておかないと。

A 너한테 빌린 만 엔 갚을게. 고마웠어.
B 음, 마키타는 12월 17일 만 엔, 술값으로 빌렸다가, 오늘 갚았다….
A 너 일일이 노트에 적어 뒀니?
B 일단 체크. 돈거래는 제대로 기록해야 되잖아.

自信ないなあ 231
자신이 없네

A: CMモデルのオーディション、どうだった？

B: **自信ないなあ**。みんなキラキラ輝いて魅力的な女の子達ばかりだから。

A: そっかー。

B: でもベストは尽くしたから後は結果を待つのみよ。

시험이나 경기, 면접 등 어떤 일의 결과에 대해 자신감이 없고 스스로에게 확신이 없을 때 하는 말입니다.

A 광고 모델 오디션 어땠어?
B 자신 없어. 모두 반짝반짝 빛나고 매력적인 여자애들 뿐이어서.
A 그렇구나.
B 그래도 최선은 다했으니 이제 결과를 기다릴 뿐이야.

232 全然ダメだ
완전 형편없어, 전혀 안 되네

자신의 팀이나 응원하는 팀이 실력도 없고 팀워크도 꽝이거나, 고장난 컴퓨터가 어떤 방법을 써도 고쳐지지 않을 때 등 무엇이 형편없고 쓸모없을 때 하는 말입니다.

A 中田、サッカー大会の準備はうまくいってる？

B **全然ダメだ。** うまかった先輩達はみんな卒業して今のメンバーはチームワークがよくない。

A そっか…、期待してたのに残念だな。

B 予選でも通ればいい方だよ。

A 나카다, 축구 대회 준비 잘되고 있니?
B 완전 형편없어. 잘하던 선배들은 모두 졸업하고, 지금 멤버들은 팀워크가 안 좋아.
A 이런, 기대하고 있었는데 아쉽네.
B 예선이라도 통과하면 다행일 거 같아.

こんなはずじゃなかったのに
이렇게 되는 게 아닌데

A あれ、髪どうかしたの？

B 自分でカラーリングしたんだけど。思ったよりかなり明るい色になっちゃった。

A そんな黄色い髪でどうやって会社に行くの？

B **こんなはずじゃなかったのに。** 失敗したわ。

어떤 일이 예상했던 것과 달리 실패하거나 결과가 이상하게 꼬였을 때 낙담하는 표현입니다.

A 어, 머리가 어떻게 된 거야?

B 직접 염색했는데 생각보다 훨씬 밝은 색이 되어 버렸어.

A 그렇게 노란 머리로 어떻게 회사에 갈 거야?

B 이렇게 되는 게 아닌데. 실패했어.

234 お先真っ暗だよ

앞날이 깜깜해

아무리 열심히 일해도 생활이 전혀 나아지지 않는다든지, 언제 망할지 모르는 불안한 회사에 다닌다든지, 이렇게 불안한 미래에 대해 비관적으로 말할 때, '앞길', '앞날'을 뜻하는 お先와 '캄캄함'이란 뜻의 真っ暗를 써서 お先真っ暗だよ라고 합니다.

A 景気は上がらないし、貧富の格差は広がるし、少子高齢化だし、ますます生きづらい世の中になって行くな。

B その上、人間の変わりにロボットが活躍するしな。そのうち人間なんて淘汰されるよ。

A お先真っ暗だよ。

B 大丈夫だよ。俺らはその頃にはこの世にいないさ。アハハ。

- A 경기는 좋아지지 않고, 빈부 격차는 점점 벌어지고, 저출산 고령화에 점점 살기 힘든 세상이 되어 가는구나.
- B 게다가 인간 대신 로봇이 활약하고. 조만간 인간이 도태될 거야.
- A 앞날이 깜깜해.
- B 괜찮아. 우리는 그때쯤에는 이 세상에 없을 거야. 아하하.

運を天に任せるしかないな 235
하늘에 운을 맡길 수밖에 없네

A: 面接どうだった？

B: 緊張したけど、やるだけのことはやったから。**運を天に任せるしかないな。**

A: そうだね。

B: どうか受かりますように。

運を天に任せる는 '하늘에 운을 맡기다'란 뜻으로, 시험이나 면접 등이 끝난 후 자신이 할 수 있는 일은 더이상 없고, 이제 결과를 기다리는 일만 남았다는 의미로 사용합니다.

A 면접 어땠어?
B 긴장했지만 할 만큼은 했으니까. 하늘에 운을 맡길 수밖에 없네.
A 그렇구나.
B 합격하길 빌게.

236 あたしのどこがいけないっていうの
나의 어디가 안 된다는 거야

시어머니가 항상 자신을 나쁘게 보거나, 회사에서 아무리 열심히 해도 매번 승진에서 떨어진다거나 하는 등 자신은 최선을 다하는데 일이 잘 풀리지 않을 때 답답함을 표현하는 말입니다.

A: 舞台の主役のオーディションで落ちちゃった。

B: 一生懸命練習してたのに残念だったね。

A: **あたしのどこがいけないっていうの。** 私はまだ主役の器じゃないってこと？

B: いっそのこと、監督に聞いてみたら？

A 연극 주인공 오디션에서 떨어졌어.
B 열심히 연습했는데 아쉽네.
A 나의 어디가 안 된다는 거야. 나는 아직 주역의 그릇이 안 된다는 거야?
B 차라리 감독한테 물어보는 게 어때?

～に恨みでもあるの？ 237

~에 원한이라도 있는 거야?

A: うちの父はマックのＣＭを見るたびに文句を言うのよ。

B: どうして？マックに恨みでもあるの？

A: ほら、そこのハンバーガーを食べて具合が悪くなった人がいるじゃない。

B: 確かに、酷い事件だったよね。

恨みは '원한'이란 뜻으로, 어떤 사람이나 무엇을 이유 없이 싫어하거나 험담하는 사람에게 왜 그러는지 이유를 묻는 말입니다.

A 우리 아빠는 맥도날드 광고를 볼 때마다 불평해.
B 왜? 맥도날드에 원한이라도 있는 거야?
A 있잖아, 거기 햄버거 먹고 몸이 나빠진 사람 있었잖아.
B 하긴, 끔찍한 사건이었지.

238 いろいろあるんだ
이래저래 있어

여러 가지 일이나 사정이 한번에 얘기하기에 너무 많을 때 '여러 가지'란 뜻의 いろいろ를 써서 말합니다.

A 私、先月彼氏と別れちゃった。

B どうして？

A いろいろあるんだ。メキシコ人の彼氏だったけど。

B 外国人の彼氏か。そうだね。それはいろいろありそうだな。

A 나 지난달에 남자 친구랑 헤어졌어.
B 왜?
A 이래저래 있어. 멕시코 남자 친구였는데.
B 외국인 남자 친구? 그렇구나. 그렇다면 여러 가지 있겠다.

基本的に 239
기본적으로, 대체로

A 野菜よく食べるよね。

B うん。野菜は**基本的に**は好きなの。でもピーマンだけはだめなんだ。

A 何で？

B あの独特な苦い味が好きになれなくて。

어떤 일의 원칙이나 일반적인 상황을 설명할 때, 예외가 있을 수 있지만 대체로 그렇다는 의미로 하는 말입니다.

A 야채 잘 먹네.
B 응. 야채는 기본적으로 좋아하거든. 하지만 피망만은 못 먹겠어.
A 왜?
B 그 독특한 쓴맛이 좋지 않더라고.

240 泣いても笑っても
어찌 되든, 좋든 싫든

좋든 싫든, 결과가 어찌 되든, 지금 하는 일이 이제 마지막 단계에 다다랐음을 말할 때 사용합니다.

A: あんなに飽き飽きした高校生活も来週で卒業かと思うと名残惜しいな。

B: **泣いても笑っても**あと一週間だね。

A: 最後の思い出作りにみんなで海にでも行こうか。

B: それいいね。

A 그렇게 지겨워하던 고등학교도 다음 주에 졸업이라고 생각하니 아쉽네.
B 어찌 되든 이제 일주일밖에 없네.
A 마지막 추억 만들기로 다 같이 바다라도 갈까?
B 그거 좋은 생각이다.